CAROLIN EMCKE

STUMME GEWALT

NACHDENKEN
ÜBER DIE
RAF

Mit Beiträgen von
Winfried Hassemer und
Wolfgang Kraushaar

S. FISCHER

© S. Fischer Verlag GmbH, Frankfurt am Main 2008
Alle Rechte vorbehalten
Satz: Fotosatz Reinhard Amann, Aichstetten
Druck und Bindung: GGP Media GmbH, Pößneck
Printed in Germany
ISBN 978-3-10-017017-0

Inhalt

Es gibt keine Geschichte des Wortes,
aber unabwandelbar eine Geschichte des Schweigens.
Das Wort ruft sie uns in Erinnerung.

Edmond Jabès (aus: »Ein Fremder«)

Und Kraft und Schmerz
und was mich stieß
und trieb und hielt
(...)
die wildernde Überzeugung,
dass dies anders zu sagen sei als
so!

Paul Celan (aus: »Schneepart«)

Ich denke immer noch an den Taxifahrer.

Es war bereits Mittag, als die Maschine aus London in Frankfurt landete.
Ich stieg in das erstbeste Taxi auf dem Standstreifen im unteren Stockwerk des Flughafens und nannte dem Fahrer erklärungslos die Adresse in Bad Homburg.
Er verzog keine Miene.
Dabei musste er wissen, *wessen* Haus das war.
Den ganzen Tag über war die Nachricht gemeldet
worden.
Den ganzen Tag über hatte er aufgeregt diskutierende Gäste durch die veränderte Stadt chauffiert.
Wortlos nahm er mir meine alte, zerknautschte Ledertasche ab und verstaute sie im Kofferraum.

Damals schien mir das nicht erstaunlich.
Ich kann mich nicht erinnern, ob er auf der Fahrt mein Gesicht im Rückspiegel beobachtet, nach Spuren der Verzagtheit gesucht hat.
Ich erinnere mich nur, dass ich regungslos dasaß und aus dem Fenster starrte.

Unfähig, mich auf die vorbeihuschenden Landschaften, innen oder außen, zu konzentrieren.

Erst Richtung Kassel. Dann runter von der Autobahn und die vertraute Pappelallee entlang, von dort nach rechts auf den Kreisel zu.

Wie naiv muss ich gewesen sein zu glauben, wir könnten die Strecke an diesem Tag fahren.

Als sei nichts geschehen.

Wie wohlwollend muss der Taxifahrer gewesen sein, dass er mir trotzdem diesen Gefallen tun wollte.

Wir bogen zum Seedammweg ein – und alles stockte hinter den Absperrungen.

Wir saßen fest.

Von hier an ist die Erinnerung bruchstückhaft.

Eine Metapher – und doch wahr. Es sind nur Fetzen geblieben.

Ich bin ausgestiegen.

Habe ich dem Fahrer irgendeine Erklärung gegeben?

Habe ich ihm gesagt: Ich will nur einmal sehen, was da los ist?

Ich kann mich nicht erinnern.

Überall waren Kontrollen, Polizisten, Schaulustige, BKA-Beamte.

Geschäftigkeit und Hilflosigkeit prägten das Getummel vor und auf der Kreuzung. Ein langer Stau hatte sich gebildet, aber niemand hupte, niemand beschwerte sich.

Ich bin ungehindert in den Seedammweg spaziert.

Hat mich jemand nach meinem Ausweis gefragt?
Hat jemand wissen wollen, was ich an diesem Ort zu suchen
hatte?
Vermutlich. Aber auch dafür habe ich keine Belege mehr in
meinem inneren Bildarchiv.

Auf einmal hatte ich einen freien Blick auf die ganze Szene,
die Straße hinunter und wieder herauf, den Hügel hoch, an der
die Schule liegt.

Warum habe ich mir das angetan?
Warum musste ich es sehen?

Was ich erwartet hatte, kann ich nicht sagen.

Ich stand am Anfang der Straße und schaute auf den Wagen.
Den Wagen.
Den gesprengten, verkohlten Mercedes, in dem wenige Stun-
den zuvor mein Patenonkel auf dem Rücksitz gestorben war.
An der Arteria femoralis getroffen und verblutet durch eine
als Hohlladungsmine konstruierte Bombe.

Der Wagen stand quer auf der Straße.
Unnatürlich wie ein verrenktes Gelenk, das vom Leib absteht.
Ich erinnere noch, wie mir kurz einfiel: »Aber Jakob ist immer
quer über die Gleise gegangen.«
Dann huschten auch diese Worte davon und alles wich aus
mir.
Als ob unwillkürlich Platz geschaffen werden musste, damit
die Wirklichkeit dieses Ereignisses einziehen konnte.

Wie lange braucht es, um zu begreifen, dass ein Freund ermordet worden ist?

11

Wie lange braucht es, um zu verstehen, dass es keinen Abschied gab?

Dass du versäumt hast zu sagen, was er hätte wissen sollen?

Dass sie, die Mörder, dir, der Angehörigen des Opfers, Schuld aufgeladen haben?

Als ich wieder zu mir kam, saß ich in einem Feuerwehrfahrzeug.

Ich hielt, glaube ich, eine Tasse in der Hand.

Oder einen Becher.

Jemand sprach auf mich ein. Beruhigend.

Ich glaube nicht, dass ich die Worte verstand.

Wie ich von der Straße in den Wagen gekommen bin, weiß ich nicht.

Was vorher geschah, kann ich nicht sagen.

War ich gestürzt? Gefallen? Hatte mich jemand aufgehoben? Getragen?

Es gab einen Riss.

Exakt in dem Augenblick, dort auf der Straße im Seedammweg, zwischen dem hässlichen Parkhaus und der absurden Taunus-Therme, in dem das Bewusstsein begriff, dass wahr war, was wahr war.

Unbekannte Attentäter hatten Alfred Herrhausen ermordet.

Dieser Moment des Verstehens ist verschollen.

Wie sollte das auch jemand verstehen und intakt bleiben?

So blendete das Bewusstsein sich aus.

Koppelte die Erfahrung vor dem Begreifen des Unbegreiflichen ab von der Erfahrung danach.

In der Mitte nur eine Bruchstelle der Bewusstlosigkeit.

Seitdem gibt es nur noch ein Vorher und ein Nachher.

Nachher versuchte ich, irgendetwas zu sagen.
Über den Becher in meiner Hand hinweg zu den freundlichen
Pflegern oder Feuerwehrmännern.
Irgendetwas.
Viel konnte es nicht sein.
Ich wolle in den Ellerhöhweg. Dort warte man auf mich.
Ob mich jemand dorthin bringen könne.
Vorbei an den Sperren und Behinderungen.
Ich glaube, ich habe ihnen meinen Pass gegeben, damit sie
per Funk in einem Computer nachforschen konnten, wer ich
war.

An meinen Taxifahrer habe ich gar nicht mehr gedacht.
Er musste die ganze Zeit dort vor der Kreuzung gestanden
haben, auf dem Bürgersteig.

Wie lange mochte das her sein?
Wie lange hatte ich auf diesen Wagen gestarrt?
Wie lange war ich abgetaucht?

Aber als mich der Polizist schließlich mit einem Einsatzfahr-
zeug den Berg hoch fuhr, war die alte Ledertasche im Kofferraum.
Der Taxifahrer musste sie den Beamten gegeben haben. Wortlos vermutlich. Als ob selbstverständlich.

Ich habe ihn nie bezahlt.

Dabei war es eine lange Strecke gewesen.
Vom Flughafen Frankfurt bis zum Tatort in Bad Homburg.
Was mag er gedacht haben, als ich einfach ausstieg?

Und verschwand.
Wie lange mag er gewartet haben?

Immer, wenn ich an diesen Tag denke, fällt er mir wieder ein,
und dass ich ihn ausfindig machen muss.
Einmal habe ich es versucht.
Jahre später.
Ich habe die Taxizentrale angerufen, um festzustellen, dass es
das gar nicht mehr gibt: Taxizentralen. Es ist alles dezentral,
und jemanden suchen kann man immer nur innerhalb einer
Firma, aber nicht darüber hinaus. In dieser Taxi-Gemeinschaft
jedenfalls war kein Fahrer zu finden, der an jenem Tag um die
Fahrkosten geprellt worden war.

Achtzehn Jahre ist das nun her.
Erzählt habe ich es nie.
Auch nicht geschrieben.
Dabei bin ich Journalistin geworden.
Immer wieder gab es Gelegenheiten und Anfragen, diese Ge-
schichte zu erzählen.
Manchmal freundlich neugierige. Meistens manipulative.
Ein idealer Fall eigentlich. Eine Betroffene selbst. Mit Zugang
zu allen Beteiligten.
Nur sonderbarerweise war da kein Zugang.
Nicht zu der Geschichte als Erfahrung in meinem eigenen
Leben.
Nicht so, dass ich sie anderen hätte mitteilen wollen.

*

Wie soll es gelingen, nach achtzehn Jahren, sich einer solchen
Erfahrung anzunähern? Wie kann eine solche Geschichte erzählt werden? Eine Erfahrung, die lange zurückliegt und die

sich nicht schon festgeschrieben, die noch keine Kontur bekommen hat im wiederholten Sprechen über die Jahre, sondern die wirklich erst entstehen muss aus den alten Bildern und Assoziationen, den Versatzstücken an Sätzen und Gesten, die ich meine schon damals abgespeichert zu haben, die sich aber vielleicht erst im Lauf der Jahre abgelagert haben wie Sediment.

Wie trügerisch ist die erinnernde Erzählweise, in der ich versuchen könnte, mir die damalige Zeit und meine Eindrücke noch einmal hervorzuholen?

Wie sehr ist die eigene Wahrnehmung, damals schon und auch jetzt noch, überlagert und überschrieben von nachträglichem Wissen, von einer politischen Sozialisation, einem bestimmten philosophischen Diskurs?

Wie verzerrt und gebrochen ist das Gedächtnis durch spätere Assoziationen und Positionen zur RAF? Wie viele Rückprojektionen überdecken die früheren Bilder und Geräusche, die damaligen Emotionen und Überlegungen? Wie soll es gelingen, sich durch die übereinander geschichteten Eindrücke, Gefühle und Reflexionen zu tasten? Wie kann ich mir selbst noch trauen im erinnernden Schreiben einer vergangenen, aber immer noch so gegenwärtigen Geschichte?

Das sind Fragen, die für jedes vergangene Erlebnis, besonders jede schmerzliche Erfahrung, die gerne zu vergessen wäre, gelten. Allzu oft erweist sich die Erinnerung als trügerischer Zeuge des Erlebens dramatischer oder traumatischer Ereignisse. Um wieviel mehr muss Zweifel geboten sein bei einer Erfahrung, die keine bloß individuelle sein kann oder darf, sondern die Teil der historischen Erzählung der Bundesrepublik geworden ist, die verwoben ist mit all den Erzählfäden der Geschichte der RAF, die so viele andere *ebenfalls* als Teil ihrer individuellen Erinnerung verstehen? Die Geschichte dieser Morde ist niemals nur die Geschichte der Täter und Opfer, sondern immer auch eine Geschichte, in der sich zahllose Unbeteiligte gespiegelt haben. In den Mitgliedern der RAF oder gegen sie haben sich verschiedene Generationen in der Bundesrepublik politisch oder moralisch verortet, haben sich ausgerichtet an diesen flüchtigen oder inhaftierten RAFlern, haben ihren eigenen Lebensentwurf im Verhältnis zu diesen Biographien verstanden.

Wer über die RAF schreibt, über die eigene individuelle Geschichte mit der RAF, schreibt deshalb unwillkürlich und unumkehrbar auch immer über und gegen die individuellen wie kollektiven Erfahrungen *anderer* mit der RAF.

Seit ich begonnen habe, mir meine eigene Erfahrung mit dem Mord eines geliebten Menschen anzueignen und über die politischen Echos der Gewalt auf die Opfer, aber auch die Täter nachzudenken, seit ich versucht habe, mich an dem brüchigen Faden meiner Erinnerung an den Grund meiner Erfahrung zu begeben, entwirren sich auf einmal die Erzählungen und Erfahrungen meiner Gegenüber mit, initialisiert meine eigene Geschichte auf einmal die anderer Menschen, die sie bestreiten oder kritisieren, die sie begreifen und mit ihrer eigenen ins Verhältnis setzen wollen.

Was wie mein Eigenes wirkte, erweist sich in zahllosen Gesprächen als etwas allen Gemeinsames.

Seit ich zu sprechen begonnen habe über diese Zeit vor achtzehn Jahren und die Spuren, die die Gewalt in uns hinterlassen hat, sprechen andere, Freunde und Fremde, mit.

Das Nachdenken über eine solche Erfahrung, wie besonders und individuell sie immer sein mag, muss sich deswegen irritieren lassen von den Erfahrungen und Erinnerungen anderer. Eine solche Erzählung darf sich abbringen oder anstiften lassen von den Geschichten anderer, sie stellt sich immer wieder in Frage, auch und gerade, wenn die Konstrukte kollektiver Überzeugungen gegen die individuelle Perspektive veranschlagt werden. Sie muss das Besondere mit und gegen das Allgemeine verrechnen.

Es kann also niemals eine rein persönliche Erzählung sein. Eine solche Perspektive wäre automatisch gefangen in individualistischer Intimität, liefe Gefahr, nurmehr apolitisch und ahistorisch zu klingen. Weil die Geschichte des Terrors eben keine rein private Angelegenheit ist. Weil die Wurzeln der Gewalt nicht allein in den Familiengeschichten der Täter oder ihrer Opfer liegen (auch wenn die gegenwärtige Debattenkultur dazu neigt, alles in Personalisierungen zu banalisieren), sondern auch eingelassen sind in die zeitgeschichtlichen Zerwürfnisse und Versehrungen der deutschen Gesellschaft und ihrer Verortung in der Welt.

Wie könnte das gelingen: eine Erinnerung an die eigene Erfahrung und *zugleich* ein Nachdenken über die politischen und historischen Bezüge, in die sie eingebettet ist und in denen sie in Frage gestellt wird durch Andere?

Wie aussichtslos ist ein solches Unterfangen: neben der subjektiven Erzählform auch noch eine politische Perspektive einzuziehen, die das Schweigen und die Spirale der Gewalt zu diskutieren versucht?

Kann das gelingen: einen gewaltsamen Tod zu betrauern und die Ursprünge der Gewalt zu reflektieren? Wie kann ich in der »Ich«-Form schreiben und diese individuelle Perspektive verteidigen und trotzdem die politischen Bezüge betrachten? Wie kann diese Individualität sich gegen die Vereinnahmungen und Zuschreibungen wehren?

Wie sehr schließt ein solches Schreiben von vornherein bestimmte Leser aus, weil das Persönliche aus ihrer Perspektive das Politische zu negieren scheint?

Ist eine persönliche Erinnerung also in mehrfacher Hinsicht fragwürdig: weil sie eine Unmittelbarkeit des Erlebens vortäuscht, die das Gedächtnis als unfehlbar behauptet? Und weil sie Gefahr läuft, in der privatisierten Sicht auf eine historische Epoche das soziale Moment unwillkürlich zu verunmöglichen?

Warum also überhaupt »Ich« sagen? Warum überhaupt sich dieser politischen Geschichte mit einer subjektiven Erzählung nähern? Warum die eigene Verwicklung überhaupt preisgeben?

Wieder und wieder habe ich mich das gefragt: ob es nicht angemessener wäre, die eigene Rolle zu verschweigen. Wieviel leichter wäre das? Ich habe mir gewünscht, ich könnte befreit nachdenken über die Geschichte der RAF und die Reaktionen auf sie, unbefangen schreiben über die stumme Gewalt – ohne mich preiszugeben, ohne mich den abstrusen Vorstellungen davon aussetzen zu müssen, was es bedeutet, jemanden durch die RAF verloren zu haben.

Von vornherein erweist eine Lesart einer »betroffenen« Autorin besonderen Kredit, eine andere entzieht ihn umgehend. In Kreisen, in denen der Mythos der Authentizität durch die mediale Inszenierung der Wirklichkeit geistert, wird einem solchen Text besondere Glaubwürdigkeit zugeschrieben. In Kreisen hingegen, in denen der Fetisch der Kollektivität durch die Ideologie geistert, wird einem solchen Text jede politische Relevanz abgesprochen.

Warum also »Ich« sagen?

Weil es unlauter wäre, sie zu verschweigen, die eigene Befangenheit, weil sie sich nicht verhindern ließe, die Trauer, die sich im Schreiben ihren Weg bahnt, weil diese Subjektivität zu verteidigen auch eine politische Perspektive sein könnte, weil hierin eine abweichende, eine ambivalente Stimme erst begriffen und dann behauptet werden könnte gegen die Verkrustungen der jeweiligen Ideologien.

Und letztlich: weil nur ein Ende des Schweigens fordern kann, wer selber zu sprechen bereit ist.

Vielleicht wird diese Erzählung, neben der eigentlichen Erzählung, dem Nachdenken über die Gewalt und über das Schweigen, auch eine Geschichte des möglichen Scheiterns einer Erzählung über die RAF sein. Vielleicht wird sie auch immer bedenken müssen, dass dieses Schreiben, das sich gegen das ungebrochen Kollektive, gegen das unverhohlen Konfrontative wendet, das sich suchend auf den Weg macht nach einem Ort, an dem die Gegner miteinander sprechen könnten, dass dieses Schreiben so unwahrscheinlich wie unerwünscht sein könnte.

*

Ich habe zu rauchen begonnen an jenem Tag. Von einem Moment auf den anderen.
Camel. Ohne Filter. Eine Schachtel am Tag.
Die ersten Wochen auch mehrere.
Wir haben viel getrunken in jenen Tagen. Aspirin geschluckt.
Ich habe Taschentücher vollgeblutet. Eines nach dem anderen.
Ich neige nicht zu Nasenbluten. Aber damals lief es einfach heraus. Nicht Tränen, sondern Blut.

19

Mit Alkohol und Zigaretten setzen wir der Körperlichkeit zu, als könnten wir uns so verwunden.

Gegessen haben wir gut. *Sehr* gut.

Und gelacht haben wir auch. Hemmungslos. Verzweifelt.

Am Abend des ersten Tages saßen die Personenschützer in der Küche.

Wenn mich nicht alles täuscht, dieselben vom Morgen.

Sie waren nicht abgerufen worden. Sie schoben Dienst.

Als ob es noch jemanden zu bewachen gäbe.

Da saßen sie nun an dem kleinen Holztisch.

Sprachlos. Beschämt. Hilflos in ihrer ganzen muskelbepackten Größe.

Professionelle psychologische Betreuung bekamen sie an diesem Tag nicht.

Vielleicht hatte einfach niemand an sie gedacht. An die Selbstvorwürfe, die sie nun aushöhlen würden. An die Schockwellen der Bilder des Anschlags, denen sie ausgeliefert waren.

Warum hatten sie überlebt? Und nicht der, den sie hatten beschützen sollen?

So kümmerte sich Traudl Herrhausen um sie. Hörte ihnen zu.

Schenkte Schnaps und Kaffee aus. Tröstete die, die anstelle ihres Mannes am Leben waren.

Am späten Nachmittag hatte die RAF angerufen.

Das ist nicht richtig. Da war keine Gruppe, die anrief. Da war noch nicht einmal ein Mensch. Es war eine gesichtslose, akzentfreie, männliche Stimme, die mit niemandem sprechen wollte, sondern nur verkünden.

Wir waren zu mehreren in der Küche. Ich erinnere nicht mehr genau, wer zuerst am Apparat war und mich dann zu sich rief,

damit ich mithören konnte. Wir hielten den Hörer leicht
schräg. Es dauerte eine Minute, schätze ich.

»Kommando Wolfgang Beer«, »Herrhausen, der mächtigste
Mann Europas«, es waren die üblichen ideologischen Schablonen.

In der Passage, die ich mithörte, wurde die gerade durch die
Deutsche Bank vermittelte Fusion von Daimler-Benz und
Messerschmidt-Bölkow-Blohm nicht erwähnt.
Ich weiß noch, wie mich das irritierte.
Innerhalb ihrer eigenen Logik musste die Vereinigung des
Autokonzerns mit dem Rüstungsunternehmen *das* Symbol
schlechthin sein für das, was die RAF den »militärisch-
industriellen Komplex« nannte.
Ich dachte deswegen daran, weil Alfred Herrhausen und ich
darüber gestritten hatten, als die Fusion zustande gekommen
war.
Warum bezogen sie sich nicht darauf?

Stattdessen sprachen sie nun ausdrücklich von Alfred Herrhausen als demjenigen, der Vorschläge zur Lösung der Schuldenkrise der Dritten Welt gemacht hatte.

Ich kann nicht sagen, dass es mich beruhigt hätte, wenn mein
Freund von politisch rationalen Mördern getötet worden wäre,
aber diese paradoxe »Begründung« verstörte mich.
Sollten die linksradikalen Täter ausgerechnet einen Bankier
ermorden, der bereit gewesen war, auf Kapital und Profit zu
verzichten, um die Entwicklungsländer aus dem Zirkel der
Abhängigkeit zu entlassen?
Oder war Alfred Herrhausen lediglich zum Feind geworden,
weil er das vertraute Feindbild unterwanderte?

War der Vorschlag für eine Lösung der Schuldenkrise der Dritten Welt eine Bedrohung?
Nicht der Dritten Welt, sondern der eigenen Ideologie?

Hatte das die Deutsche Bank mit den Terroristen gemein?

Eine sonderbare Vorstellung ist das: nicht nur jemanden zu ermorden, sondern auch noch am selben Tag bei der Familie des Opfers anzurufen.
Es fehlte nur, dass sie uns »einen schönen Tag noch« gewünscht hätten.

Vermutlich glaubten die Täter in ihrer phantasmagorischen Welt, die Nachricht würde niemals von uns, den Betroffenen, angenommen werden. Vermutlich glaubten sie, ihr Bekenneranruf lande umgehend in den Kopfhörern der abhörenden BKA-Beamten. Vermutlich glaubten sie, Polizisten bedienten die Telefonanlage im Ellerhöhweg.
Ehrlich gesagt, auch ohne die verschwörungstheoretischen Hirngespinste der Täter hatte ich dieselben Vorstellungen.

Als die Botschaft abbrach, schauten wir uns alle an.
Sie brach übrigens tatsächlich ab. Es klang, als ob noch nicht einmal jemand sich die Mühe gemacht hätte, direkt zu sprechen. Es klang nach einer Aufzeichnung, einem Band. Vermutlich mit exakt austarierter Länge. Es gab jedenfalls keine Pause zwischen dem letzten gesprochenen Wort und dem Ende der Verbindung. Keine Verzögerung, in der eine Hand den Hörer wieder auf die Gabel legte. Keinen dieser menschlichen Zwischentöne. Nichts. Mit dem letzten Wort brach auch die Leitung ab.
Wir schauten uns alle an.

Wir mussten die Polizei benachrichtigen. Ich fragte, wo denn
die Beamten am Morgen den Zettel mit ihren Telefonnum-
mern hinterlegt hatten. Ihre Visitenkarten. Irgendwas. Ich
konnte mir nicht vorstellen, dass daran niemand gedacht
haben sollte. Aber da gab es nichts.
Also rief ich die Polizei an. 1-1-0. Und sagte: »Guten Tag, mein
Name ist Carolin Emcke. Ich rufe an aus dem Hause Herrhausen. Hier hat gerade die RAF angerufen. Können Sie mich mit
irgendjemandem verbinden?«
Witzig. Wirklich witzig.

Es wurde noch besser. Als ich dann endlich mit jemandem verbunden wurde, erzählte ich, was geschehen war, fragte, ob es
eine Fangschaltung gäbe, mit der man den Anrufer ermitteln
könne. Nichts. Dabei waren seit dem Anschlag am Morgen
und dem Anruf am Nachmittag bestimmt acht Stunden ver-
gangen.
Tags darauf kam dann ein Beamter mit etwas, das, für den
Laien, nach einem klassischen, alten Cassettenrekorder aussah
und was, für den Profi, ein klassischer, alter Cassettenrekorder
war.
Er stellte ihn auf die Arbeitsplatte in der Küche, unterhalb des
Wandtelefons, schloss ihn an und sagte: »Wenn jemand anruft,
drücken Sie gleichzeitig diese beiden Tasten hier zur Auf-
nahme: ›Play‹ und ›Rec‹. Er sprach ›Rec‹ mit hartem, rollen-
dem »r« aus: »rrrrrrrrrrrrrrreck«
»Drücken sie ›Play‹ und ›Rrrrrrrrrrrreck‹.«

Großartig.

Wir waren eine Gemeinschaft. Wir schliefen auf Matratzen auf
dem Fußboden und, verteilt auf verschiedene Betten, unter-
schiedlichste Generationen und Typen. An einer großen Tafel

aßen, diskutierten und organisierten, tranken, weinten und lachten wir zusammen.

Ein offenes Haus. Frei und verwundbar noch jetzt, da die Gewalt uns hätte verschließen können.

Keiner scherte sich um das, was uns im Leben, im früheren, im anderen, irgendwo da draußen, unterschied.

Niemand hat mir einen Vorwurf gemacht. Niemand machte mich, die linke, junge Intellektuelle, verantwortlich. Niemand überschritt diese Grenze, zu der der Zorn auch leicht hätte treiben können. Ungerechtigkeit keimt allzu oft als giftige Blüte des Kummers. Doch niemand ließ das zu in diesen Tagen und Wochen.

Wir sahen mehr nach einer Studenten-Kommune aus als nach dem Umfeld des Sprechers des Vorstands der Deutschen Bank, wie wir da zusammenhielten im Schmerz.

Nachts war ich allein.

Ausgeliefert ein und demselben wiederkehrenden Alptraum.

Nicht nur die ersten Tage. Sondern jahrelang.

Darin saß ich auf einem Marktplatz. Auf einer Bank. Es war eine Art Biergarten.

Schlicht. Hölzern. Zwei Bänke vor einem Tisch.

Rings herum war reges Treiben. Ein Dorffest. Ein Rummel.

Mittendrin saß ich an diesem hell gebeizten Tisch mit den Mördern meines Freundes.

Nur hatten sie ihn noch nicht ermordet.

Sie hatten es geplant und erzählten mir davon.

Ich war Mitwisserin der Terroristen, die meinen Patenonkel töten wollten.

Die Todesart stand noch nicht fest. Oder zumindest sprachen sie nicht davon.

Sie waren klar, ruhig. Sie hatten nichts zu verheimlichen.
Sie waren Freunde – so schien es. Waren sie keine?
Konnten sie ein solches Verbrechen nicht nur einer Vertrauten
gegenüber bekennen?
Sie waren mir auch keineswegs fremd, in meinem Traum.
Ich versuchte mir nicht ihre Gesichter einzuprägen.
Ich versuchte auch nicht, die Polizei zu benachrichtigen.
Ich schien mich auch nicht zu wundern, dass sie mich einbe-
zogen.
Alles, was ich versuchte, war, sie zu überzeugen, es *nicht* zu tun.
Ich brachte Argumente.
Politische.
Immer hitziger versuchte ich ihnen zu erklären, warum es
falsch war, was sie vorhatten.
Ich war kein anderer Mensch.
Ich war dasselbe Patenkind von Alfred Herrhausen.
Ich erwähnte das mit keinem Wort.
Kein Hinweis auf die eigene Betroffenheit.
Warum sollte sie das auch überzeugen?
Subjektive Befindlichkeiten würde dieses Kollektiv, das sich
selbst jede Subjektivität verweigerte, nicht überzeugen.

Ich redete mich um Kopf und Kragen.
Ich weiß noch, dass ich im Traum das Knie anzog und den Fuß
auf der Sitzbank abstellte, wie ich das manchmal in Kneipen
tue. Gleichermaßen ungezogen wie konzentriert.
Der Körper winkelt sich dann zusammen, als würde er Kraft
sammeln.
So saß ich da und redete auf sie ein.

Sie haben mich nicht einmal abgewehrt im Traum.
Sie haben sogar zugehört.

Als hätte es mir gelingen können, sie von ihrem Vorhaben abzubringen. Mit politischen Gründen abbringen können von jenem Verbrechen.

Das eigene Scheitern wurde dadurch nur schlimmer.

Nacht um Nacht bin ich aufgewacht als Versagerin.
Schuldig, weil ich es nicht geschafft hatte.
Weil das bessere Argument keinen zwanglosen Zwang entwickelt hatte.

In einem Radiofeature für den WDR äußerte Gottfried Ensslin, der Bruder von Gudrun, einmal: »Also, ich trauer immer noch. Über die nicht-mögliche Kommunikation, die ich in Träumen manchmal nachhole. Wo sie allerdings schwerer erreichbar erscheint auch.«

Das ist das Gewalttätigste an der Gewalt des Terrors: die Sprachlosigkeit.
Ich weiß nicht, ob sich die Täter jemals überlegt haben, was es heißt, »abzutauchen«.
Nicht vor der Staatsgewalt, nicht vor der Strafe, nicht vor dem Gefängnis.
Sondern vor dem Gespräch, vor der Pflicht, Rede und Antwort zu stehen.

Kaum jemand, der nicht Opfer dieser stummen Gewalt geworden ist, kann verstehen, was das heißt: allein zu sein mit dieser Stille, in der Fragen verhallen ohne Echo.
Allein zu sein mit diesem Zorn, der keinen Adressaten kennt.
Nicht Einspruch erheben zu können, selbst wenn es zu spät ist, einklagen zu können, eine Rechtfertigung zumindest, die in der Logik des Gegenübers sinnhaft wäre.

Denn anders als manch unbeteiligte Kommentatoren, anders als manch betroffene Angehörige der Opfer terroristischer Gewalt, halte ich die Attentäter nicht einfach für Kriminelle.

Nicht, weil der Akt als solcher nicht, juristisch betrachtet, kriminell wäre, nicht, weil die Vorbereitung der Morde nicht eine kriminelle Energie verlangte, sondern weil es aus der Perspektive der Täter ein absichtsvoller Mord ist, der sich nicht gegen eine private Person, sondern gegen einen Repräsentanten richtet.

Gewiss: Das ist politisch eine Chimäre, psychisch eine Projektion, ästhetisch eine Simplifizierung und moralisch – moralisch ist es schlicht und ergreifend falsch.

Aber aus der Perspektive der Opfer kann die Perspektive der Täter eine Rolle spielen.

Für mich hat sie von Anfang an eine Rolle gespielt.

Denn mein Freund ist nicht einfach durch einen Autounfall gestorben.

Nicht einmal durch einen fremdverschuldeten.

Er ist weder Opfer eines eruptiven, spontanen Gewaltausbruchs geworden, der auch jemand anderen hätte treffen können. Noch Opfer eines kalkulierten, persönlich motivierten Mordes: wegen seiner Eigenschaften, seines Verhaltens oder seines Vermögens.

Nein, da waren Unbekannte, die haben nachgedacht.

Sie haben geglaubt, sie hätten das Recht dazu, dieses Leben auszulöschen.

Sie glaubten an Gründe für ihr Verbrechen.

Warum sonst hätten sie diesen Anruf im Haus der Angehörigen getätigt?

Warum sonst träumte ich Nacht für Nacht davon, diese Täter
überzeugen zu können?

Bis heute ist es das, was ich verlange: ein Gespräch, in dem mir
die Gründe auseinandergesetzt werden und in dem sich die
Täter Einwänden und Kritik stellen.
Bis heute ist es das, was ich unverzeihlich finde: das Schweigen.

Wer behauptet, aus politischen Motiven heraus zu töten, wer
sein eigenes Handeln in eine komplexere politische Vision
bettet, wer das Morden als Widerstand begreift, wer zur Gewalt
lediglich ein instrumentelles Verhältnis herstellt, der muss den
begangenen Mord auch *öffentlich* erklären, muss sich einem
öffentlichen, kontroversen Diskurs auch stellen.
Worin sonst sollte der politische Charakter des Tötens bestehen?

Für ein Geständnis einer solchen Tat drohte Strafe. Gewiss.
Aber auch das, die Bereitschaft, für die eigene Überzeugung,
für den Akt des Widerstands die Strafe der Gemeinschaft, in
der man lebt, anzunehmen, gehört zum Merkmal des Politischen.

Warum ich davon so überzeugt bin?
Ich habe meine Magisterarbeit über das Recht auf Widerstand
geschrieben.
Das war Jahre nach dem Mord.
Ich hatte mein Studium in London abgebrochen und war nach
Frankfurt gezogen.
Am philosophischen Institut in Frankfurt wusste kaum je-
mand davon, dass dies nicht nur eine theoretische Auseinan-
dersetzung war.

Ich schrieb nachts an der Magisterarbeit. Meistens begann ich erst gegen zehn Uhr abends. Und dann saß ich am Schreibtisch, mit Unterbrechungen, bis morgens um vier oder fünf. Manchmal wurde es dann schon hell.

Die Eisdiele nebenan wurde meistens um diese Uhrzeit beliefert.

Man hörte die Schiebetür des Kleinbusses.

Auf. Zu.

Und der Pennymarkt unten im Haus öffnete eine Stunde später den Lieferanteneingang, damit die Waren hereingefahren werden konnten. Es gab immer dieses klappernde metallene Geräusch, wenn der Lastwagenfahrer die Paletten über die Rillen im Bürgersteig unter meinem Fenster schob.

Dann machte ich den Computer aus und stieg ins Auto. Nacht für Nacht. Morgen für Morgen. Und fuhr die Autobahn in Richtung Bad Homburg. Manchmal bin ich auf dem Parkplatz am Waldfriedhof einfach wieder umgedreht. Ohne auszusteigen. Manchmal bin ich den Weg zum Grab im Halbdunkel gegangen. Noch in Gedanken an die Sätze, die ich gerade geschrieben hatte. Oft ohne jeden klaren Gedanken. Der Wald riecht ganz besonders in diesen Morgenstunden. Ich blieb nie lange. Dann fuhr ich wieder zurück zu meiner Wohnung und fiel ins Bett. Manchmal, wenn es sehr spät geworden war oder sehr früh, fuhr ich noch zur Huss'schen Buchhandlung in der Kiesstraße. Trank dort eine Tasse Tee. So als Abschluss der Nacht. Als Rückkehr in mein Leben.

Ich habe in meiner Arbeit nur Autoren diskutiert, die Widerstand und zivilen Ungehorsam *legitimieren*.

Das hatte ich mir geschworen. In der ersten Woche. Da war Alfred Herrhausen noch nicht einmal beerdigt. Dass es den Mördern niemals gelingen sollte, mich zu einer anderen Person zu machen. Dass es ihnen nicht gelingen sollte, mich zu

manipulieren. Dass ich ihnen nicht den Triumph gönnen
würde, mich politisch zu verbittern, dass ich intellektuell offen
bleiben müsse – *aus Hass gegenüber den schweigenden Tätern.*

Es schafft einen ganz eigenen Raum um sich herum, dieses
Schweigen, in den werden wir eingeschlossen: Täter und Opfer
zugleich.
Die Stille verfestigt sich wie eine Eisschicht.
Darin eingefroren, vergeht die Zeit ohne uns.

Wir bleiben zurück im Moment des Attentats. Wir können uns
davon nicht lösen. Können es weder vergessen noch verarbeiten. Das Ereignis, das die Leben beider, Täter und Opfer, bestimmt hat wie kein anderes, bindet uns zusammen: weil wir
nicht begreifen können, was keine Geschichte hat, die erzählt
werden könnte.

Wir *können* die Geschichte nicht erzählen, weil wir sie nicht
kennen.
Die anderen *wollen* sie nicht erzählen, weil wir sie dann *erkennen.*

So bleiben wir ohne Wissen und ohne Gegenüber.
Ausgeliefert dem Schweigen der anderen.
Und der eigenen Phantasie.

*

Wieso will ich jetzt plötzlich darüber sprechen?
Eine solche unerzählte, unbegriffene Geschichte bricht nicht
spontan auf, holt einen nicht überraschend ein. Das Unverstandene zerfällt nicht auf einmal, nach achtzehn Jahren, und
gibt diese Erfahrung frei.

Wieso also will ich sie nun, ausgerechnet im Jubiläumstrubel des Deutschen Herbstes, erzählen?
Wirklich beantworten kann ich diese Frage auch nicht.

Vielleicht wäre die ehrlichste Erklärung, dass ich jetzt schreiben will, weil ich es erstmals *kann*.

Immer wieder gab es diese Momente der hysterischen Skandalisierung und Verzerrung in der öffentlichen Auseinandersetzung. Immer wieder wollte ich gern Stellung nehmen – und konnte nicht.
Erst im Zuge der Aufregung um die Entlassung von Brigitte Mohnhaupt und mögliche Begnadigung von Christian Klar wurde deutlich, dass es an der Zeit sein könnte, sich an dieser Erfahrung zu versuchen.
Die alten Reflexe brachen auf, über Christian Klar und Brigitte Mohnhaupt wurde immer noch gesprochen und geschrieben, als ob die Zeit stehen geblieben wäre, als wären sie nicht bestraft worden für ihre Taten. Als wäre eine ordnungsgemäße Haftentlassung oder eine Begnadigung eine Belohnung für ihre Schuld.
Es war ein abscheuliches Schauspiel, angeregt und inszeniert vom Boulevard, aufgeführt und durchgeführt von den üblichen verdächtigen Statisten. Es war erbärmlich für einen demokratischen Rechtsstaat und trostlos für all diejenigen, die in dieser billigen Konfrontation instrumentalisiert wurden. Es war, übrigens, ebenso erbärmlich, wie sich da die eilfertigen Helfer in jeder Talkshow produzierten und Klar eine neue prominente Heimat anzubiedern versuchten – als brauchte der nicht vor allem Freunde, die ihn leise und langsam aus seiner Verstocktheit hervorlocken.

Jener Christian Klar, der sich mir über öffentliche Bilder und Berichte erschließt, wirkt verschlossen und verhärtet, nichts an dieser Figur lädt ein, sie begreifen zu wollen. Aber das kann kein Grund sein, ihm die festgeschriebenen Möglichkeiten unserer Demokratie zu verweigern.

Vielleicht gab diese Diskussion auch den Anlass, einmal mehr über das Leben der Inhaftierten nachzudenken, über ihre Art, die Taten zu überleben, im wissenden Schweigen, mit dem sie andere noch beschützen.

Es gab aber vor allem auch Anlass, über das Leben im Unwissen nachzudenken, das sie uns aufzwingen.

»Uns«, das sind nicht nur die Angehörigen der Opfer, sondern alle, die ein politisches Interesse an einem historisch differenzierten Verständnis der RAF haben.

Vielleicht war dieses mediale Gezeter nötig, um die Überzeugung auszubilden, dass über diese Fragen anders zu sprechen sein müsste als *so*.

Vielleicht war es an der Zeit, die angesammelten Fragen zu stellen, diesen dauernden inneren Monolog nach außen zu tragen, zu sprechen, als ob es einen Dialog geben könnte.

*

Wie ist die Entscheidung gefällt worden, Alfred Herrhausen zu töten?

Wie geht so etwas?

Wird da abgestimmt? Sitzen sie alle in einer Runde und nicken dann zustimmend mit den Köpfen? Heben sie die Hand? Hat jemand widersprochen? Darf das jemand in diesem Kollektiv? Gab es andere Kandidaten für einen Mord?

Was sprach für Alfred Herrhausen?

Wie haben sie sich ein Urteil gebildet über diese Person?

Haben sie die Geschäftsberichte der Deutschen Bank studiert?
Die Portraits in der Presse über die »Person« Alfred Herrhausen?
Warum dieser Bankier und nicht ein anderer?
Hielten sie Alfred Herrhausen für repräsentativ als skrupellosen Kapitalisten? Für den »militärisch-industriellen Komplex«?
Haben sie das untereinander offen diskutiert?
Was sprach für ihn?
Wirklich nur seine Funktion?
Die Geographie von Bad Homburg?
Wie lange wurde er ausspioniert?
Gab es frühere Versuche, die misslangen?

Wie immens muss die Motivation zu töten sein, dass sie sich durch alle logistischen und technischen Details der Vorbereitung hindurch erhalten kann?

Woran denkt jemand, der TNT für eine Bombe präpariert? An die behutsamen Bewegungen, die es braucht, um alles sauber und genau zu machen? An eine flüchtige Begegnung mit einer Bekannten vor einigen Monaten? An einen vertrauten Song, der gleichzeitig im Radio läuft? An die gläserne Fassade der Türme der Deutschen Bank? Ans Abendessen? Die nächste Zigarette?
Und als dann die Bombe in ein Paket gewickelt wurde und das Paket auf dem Gepäckträger des Fahrrads deponiert wurde, was ging da durch ihre Köpfe?
Vorfreude auf das große Ereignis? Sorge vor technischen Pannen? Furcht vor der Ergreifung? Angst vor einem Missgeschick?

Und hat es einen einzigen Moment gegeben, in dem fragende Nachdenklichkeit statthaben durfte? Sind jemandem Zweifel gekommen? An dem Objekt des Hasses? An dem Hass selbst?

Hat es einen Moment gegeben, in dem sich die Täter fragten, wie sie bis hierher gekommen sind? Wie sie jemand geworden sind, der dabei ist, einen Mord zu begehen? Haben sie sich das gefragt?

Hat es einen *einzigen* Moment gegeben, an dem jemand unsicher wurde?

Nur ein Hauch von Zweifel, vorbeihuschend, aber doch deutlich genug, um Angst vor der eigenen Angst zu machen?

In einem unbeobachteten Augenblick.

Vielleicht beim Kauf des Fahrrads, das an der Laterne am Seedammweg abgestellt wurde.

Die Bombe hätte ja auch ein Kind auf dem Schulweg treffen können.

Oder einen schwimmbegeisterten Rentner, der in der Taunus-Therme morgens immer seine Bahnen dreht.

Spielt das eigentlich eine Rolle, wen man da mit einer 20-Kilo-Ladung Sprengstoff umbringt?

Hätten sie sich gefreut, wenn der Fahrer auch mit umgekommen wäre? Oder waren sie froh, dass er zufälligerweise überlebt hat?

Er heißt übrigens Jakob Nix.

Wussten sie das?

Oder haben sie sich mit dem Fahrer und den Begleitpersonen nie beschäftigt?

Das haben die Terroristen mit zahlreichen Medien gemein.

Die Namen der Begleitpersonen, der Fahrer wurden vergessen.

Als zählten als Opfer nur diejenigen, die als »Repräsentanten« gewertet werden konnten.

Als seien die Begleiter irrelevant.

Als trauerte niemand um sie. Als hätten sie kein Leben, keine Familie, keine Freunde, keine Geschichte gehabt, an die zu erinnern sich lohnte.

Als gäbe es ein sozial abgestuftes Sterben.

Eine Hierarchie der Opfer.

Als sei ihr Tod den Medien genauso gleichgültig wie den Mördern.

Als speicherten auch die Medien diese Toten als Kollateralschäden der »eigentlichen« Taten.

Die antikapitalistischen Täter waren so klassenbewusst wie die kapitalistischen Medienvertreter. Die sozial schwächeren Opfer waren irrelevant. Ansonsten hätten die Täter auch sie erwähnen müssen in ihren Bekennerschreiben, hätten einen Grund angeben müssen, warum auch sie getötet wurden. Ansonsten hätten die Medien auch diese Toten betrauern müssen, hätten sie sich auch durch diese Opfer herausgefordert fühlen müssen.

Wieviel »klammheimliche Freude« hätte wohl verhindert werden können, wenn der Fokus der Berichterstattung auf diese »unrepräsentativen« Toten gerichtet gewesen wäre?

Denn was war das: klammheimliche Freude?

Speiste sich diese stille Zustimmung zu den Morden der RAF nicht zuletzt aus diesem Reflex: Wenn *einmal* das Schicksal Erfolgreichen Leid zufügt, erfüllt es mit Genugtuung.

Wenn es von Elend und Kummer Verschonte *einmal* erwischt, wenn die Mächtigen *einmal* Ohnmacht erfahren müssen, dann genießen es viele mit Freude.

Nicht, weil sie um die moralische Verwerflichkeit des Verbrechens oder die psychische Tiefe des Leids, das es auslöst, nicht wüssten.

Sondern, paradoxerweise, eben *weil* sie es kennen, überkommt sie diese Freude.

35

Das ist nicht einfach nur zynische Gehässigkeit oder schlichte Rachsucht, die das Ressentiment schürt.

Am Grunde dieser Reaktion der »klammheimlichen Freude« liegt die Vorstellung, in solchen Schicksalsschlägen deutete sich die Rückkehr einer gerechten Ordnung an.

Nicht einfach nur, weil das Unrecht sich gleichmäßiger zu verteilen scheint, indem es auch die bisher Verschonten trifft.

Sondern mehr noch, weil sich in dem Leid, das jenen zugefügt wird, ein Vorschein auf das Ende des eigenen Leidens abzeichnen könnte.

Als ob die Verwundung eines Mächtigen dazu führte, dass er nun die Ohnmacht anderer besser verstünde.

Darin verbergen sich zwei erstaunliche Annahmen über die Möglichkeit oder Unmöglichkeit von Empathie: Als könne nur der das Leid anderer begreifen, der es selbst erfahren hat.

Und als würde der, der Schmerzen einmal am eigenen Leib spüren musste, sie anderen nicht mehr zufügen wollen.

Ich teile diese Vorstellungen nicht.

Ich glaube nicht daran, dass moralische Bildung abhängig ist von der Erfahrung von Leid. Ich glaube nicht, dass es der Schmerzen bedarf, um sich die Schmerzen eines Anderen vorstellen zu können. Glaube nicht, dass es notwendig ist, Opfer von Misshandlung und Gewalt zu werden, um die Verwerflichkeit von Misshandlung und Gewalt zu erkennen.

Ich glaube vor allem nicht an die Wirksamkeit dieser Form der qualvollen Unterweisung, bei der Respekt vor dem Anderen gleichsam als direkte Lehre aus der Erfahrung der eigenen Missachtung gezogen wird.

Ich fürchte, das Gegenteil ist allzuoft wahrscheinlicher.

Aus erfahrener Gewalt entspringt die Selbstlegitimation, gewalttätig zu sein.

Aus erlittenen Schmerzen resultiert die Mitleidlosigkeit den Schmerzen anderer gegenüber.

Das ist übrigens auch die motivationale Grundlage für jene militärischen Ausbildungsmethoden, in denen junge Rekruten »maßvoll« gefoltert werden, damit sie später andere foltern können.

Wer immer sich also »klammheimlich freut«, sollte sich fragen, ob diese Freude berechtigt ist.

Möglicherweise bezeugt sie nämlich lediglich einen gerade begonnenen Kreislauf sich steigernder Gewalt.

Jakob Nix jedenfalls, so hat er selbst einmal gemutmaßt, verdankt sein Überleben möglicherweise nur seinem an den Seiten etwas einschließenden »Recaro«-Sitz , der den Druck der Explosion abgefedert hatte.

Entscheidet man sich erst zum Mörder zu werden? Und danach für das Opfer?

Das muss wohl so sein.

Denn es kann ja kein Opfer geben ohne vorherigen Entschluss zu töten.

Wenn aber zuerst feststeht, dass man töten wird, und erst anschließend das Ziel ausgesucht wird – wie kann man dann noch den Mord durch die Auswahl des Opfers rechtfertigen?

Ob sie gegen die Todesstrafe sind?

Das sind mir ja die liebsten Paradoxien: Abtreibungsgegner, die das ungeborene Leben verteidigen und dann das geborene Leben nicht achten: und auch gern mal Anschläge auf Ärzte und Krankenschwestern durchführen. Oder Terroristen, die gegen die Todesstrafe sind, aber kein Problem damit haben, selbst zu töten: Ankläger, Richter und Henker in einem.

Alfred Herrhausen hatte ein neues Hüftgelenk.
Titan, wenn mich nicht alles täuscht.
Jahrelang hatte er unter Schmerzen gelitten, das Bein leicht nachgezogen.
Der Chirurg war erschrocken gewesen, als er die Röntgenbilder das erste Mal sah.
Verständnislos, wie jemand sich so lange hatte quälen können.
Als Alfred Herrhausen schließlich operiert wurde, sollte auch die Rekonvaleszenz so unauffällig wie möglich verlaufen.
Ich hatte ihn besucht, irgendwo südlich von Hamburg, ich weiß den Namen der Klinik nicht mehr, als er ungeduldig wie ein kleines Kind die Operation vergessen machen wollte.
Wir sind essen gegangen. Vertraut wie immer. Wir kannten uns seit über einem Jahrzehnt.
Ich hatte keinen »echten« Patenonkel.
Meine Taufe hatte lediglich einen Tag vor der Konfirmation stattgefunden. Da war keine lange Begleitung durch Paten möglich.
Alfred Herrhausen war der Freund meiner Eltern, der mir am nächsten war, der auch nah sein wollte. Über alle Jahre und Differenzen hinweg. Das nannten wir einen Patenonkel.
Damals hat er mir beigebracht wie man Schnaps trinkt. Wir waren beide im Ruhrgebiet geboren. Er in Essen. Ich in Mülheim.
Er hielt das Glas hoch, »Man sieht ihn nicht«, er schnupperte erfolglos an dem Fusel, »man riecht ihn nicht«, er schlug das Glas mit dem unsichtbaren Brennstoff auf die kahle Tischplatte, lauschte dem knallenden Aufprall, ». . . aber man *hört* ihn.«

Das war gerade zehn Monate her.
Kein langes Leben für ein Hüftgelenk.

Haben sie das bemerkt bei ihrem Ausspionieren?
Dass ihr Opfer diesen leicht synkopischen Gang noch hatte?
Dass der Körper etwas aus der Achse rutschte? Dass er versuchte, es zu überwinden?

Beim Ausforschen der Gewohnheiten, der Abläufe, der Uhrzeiten muss ihnen das doch aufgefallen sein.

Wer den Tod eines anderen plant, muss sich mit seinem Leben befassen.

Und wie sie da so auf der Lauer lagen, tagein, tagaus, vermutlich unregelmäßig, um keine Aufmerksamkeit zu erregen, da müssen sie einen *Menschen* beobachtet haben, jemanden, dessen Hund sich nicht um die Anzüge scherte und aufgeregt an ihm hochsprang, jemanden, der leidenschaftlich Fahrrad fuhr, dessen Tochter morgens zur Schule ging, einer Schule, die so nah am späteren Tatort lag, dass man die Detonation in den Klassenräumen hören konnte, jemanden mit einer Familie, die sich wirklich liebte, einen leicht humpelnden Menschen.

Ist ihnen nicht aufgefallen, dass man einen Repräsentanten nur in der Theorie tötet, in der Praxis aber ein Individuum?
Haben sie darüber nachgedacht?
Oder konnten sie das gar nicht mehr *sehen*? Konnten sie so selektiv wahrnehmen, dass alle Eigenschaften oder Eigenarten, die ihnen nicht passten, ausgeblendet wurden? Konnten sie so projektiv schauen, dass sie nur das in Alfred Herrhausen sahen, was ihrem Bild entsprach?

Individuelle Gesichtspunkte zerschellen an ihrer Vorstellung von Politik.

Ich weiß.

Es gerät seltsam in die Defensive im Dialog mit und über die RAF, wer mit individuellen Argumenten, Einwänden oder Fällen aufwarten möchte.

Es entsteht eine eigenwillige Asymmetrie im Diskurs, die immer denjenigen benachteiligt, der mit vermeintlich Persönlichem kommt:

Was soll das Persönliche für eine moralische oder politische Relevanz entfalten angesichts der historischen, systemischen Notwendigkeit, der sie sich, ihrer Überzeugung nach, stellen?

Jemand, der in irgendeiner Weise als Angehörige der Opferseite zuzuordnen ist, wird als politisches Gegenüber, als ernst zu nehmender Partizipant desselben diskursiven politischen Umfelds vermutlich ohnehin nicht mehr wahrgenommen.

Im ästhetisch bereinigten, manichäischen Weltbild des Radikalen scheiden sich Gut und Böse trennscharf. Es herrscht eine Eindeutigkeit, in der sich als unpolitisch denunzieren lässt, wer sich für Details, Widersprüche oder das individuell Abweichende interessiert.

Dabei scheint mir erst das ein akkurater Begriff des Politischen zu sein, der auch das Ambivalente, das Kleinteilige, das Konkrete zu integrieren vermag. Was wäre das ansonsten für ein Politikverständnis, das nur monolithische Kollektive denken kann, das Positionen immer mit Identitäten verwechselt, das das Eigene nur als Homogenes aushalten kann?

Erst im Umgang mit dem Abweichenden spiegelt sich ein kritischer Humanismus.

»Humanismus« ist nicht ihr Begriff.
Das Individuelle nicht ihre Sprache.
Der Schriftsteller Jörg Fauser hat einmal gesagt, »dass nur menschlich handelt, wer auch menschlich schreibt«. Wollten sie das überhaupt noch? Menschlich handeln?
Konnten sie das überhaupt noch: menschlich schreiben?
Haben sie überhaupt jemals über ihre eigene Sprache, über ihre Texte, die sie verfasst haben, verhandelt? Haben sie gerungen um Begriffe und Formulierungen? Oder zitierten sie sich nach einer Weile nur noch selbst?
Gab es jemals Zweifel an diesem Duktus, dieser undurchdringlichen Sprache? Dieser hermetischen Verschlossenheit, die jede Zeile ihrer Erklärungen bestimmte? Sprachen sie untereinander und miteinander auch so? Oder teilten sich die Welt und das Vokabular? Spalteten sie sich sprachlich auf?
Wie gelang ihnen das? Diese Unzugänglichkeit in den Texten, die sich doch als Selbsterklärungen verstanden, als »Bekenntnisse«.
In dieser Sprache, die sich jeder Subjektivität verweigerte und sich darin besonders politisch meinte.

»Richtig verstanden bedeutet der Begriff der Globalisierung nämlich nicht, dass heute alles nur noch in globalem Maßstab gedacht werden müsste«, schreibt Michel Wieviorka in seinem Buch »Die Gewalt«, »als ob es nur noch um transnationale Finanzströme, Märkte ohne Grenzen, Identitäten ginge. (...) Er lädt uns vielmehr dazu ein, sich ein Phänomen wie die Gewalt in ihren unzähligen Ausdrucksformen als etwas vorzustellen, das uns immer einen großen intellektuellen Sprung abverlangen kann vom Allgemeinsten, das man global nennen kann, hin zum ganz Besonderen, das auch das Intimste und Subjektivste ist.«

Das ist es, was diese Erzählung versucht: das abweichende Subjektive zur Sprache zu bringen im Nachdenken über die RAF. Das Besondere und Intime ist dabei selbstverständlich nicht nur relevant, wenn es sich um eine Angehörige oder Betroffene der Opferseite handelt, sondern alle subjektiven Perspektiven, die den anderen zugewandt sind.

*

Melville gilt als Autor der RAF. Zumindest der ersten Generation.
Moby Dick. Und nicht Bartleby, soweit ich weiß.
Sie hatten sich Namen nach der literarischen Vorlage gegeben.
Immer habe ich mich gefragt, ob sie dabei an Ismael gedacht haben.
Den Erzähler der Geschichte.
Der, der bezeugen kann, weil er überlebt hat.
Haben sie daran gedacht?
Wer von ihnen überleben wird?
Wer überleben soll, so, dass er späteren Generationen von ihnen erzählen kann?

Ob sie Tolstoi gelesen haben?
Die Geschichte von Pierre Besuchow?
Dem russischen Idealisten, der auszieht, Napoleon zu töten?
Die Figur des Tyrannenmörders in »Krieg und Frieden«?
Sie findet sich im 33. und 34. Kapitel des 11. Teils.
Die feindlichen Truppen haben bereits die Stadt erobert, die Häuser Moskaus stehen schon in Flammen, als Pierre

Besuchow den Dolch unter dem Kaftan versteckt, um den ver-
hassten Herrscher zu ermorden.

»Wie etwas Furchtbares und ihm selber Fremdes trug er seine
Absicht (...) mit sich herum, immer in Angst, sie könne ihm
noch einmal irgendwie abhanden kommen.«

Hatten sie das auch?
Die Angst, ihnen könnte ihre Entschlossenheit schwinden?

Von den Gefahren auf den Straßen um ihn herum bemerkt er
nichts, so sehr bemüht er sich, sich auf seine Tat zu konzentrieren. Die verlustreiche Schlacht von Borodino hat Pierre mit
Schrecken erfüllt, die Bilder der Versehrungen noch in sich,
taumelt er durch Moskau. Er sieht und hört nichts. »Ganz ein-
genommen von dem, was ihm bevorstand.«
Es ist etwas Zwanghaftes an Pierre, wie er da so zielstrebig dem
Platz entgegenläuft, vorbei an den Brandschatzungen und dem
räuberischen Gesindel, den französischen Plünderern und den
flüchtigen Russen. Zwanghaft, weil er so gar nicht begabt ist
für einen Mord, weil diese Tat seiner »Natur so zuwiderläuft«
und weil er sich so zwingen muss, dass er gleichsam wie taub
gegen sich selbst wirkt.
In all seine wilde Entschlossenheit hinein, hört Pierre plötzlich
das Wimmern einer Frau, die im vertrockneten staubigen Gras
zwischen Federbetten, Samowaren, Heiligenbildern und
Kisten und Kasten sitzt und um ihr Kind weint, das in den
brennenden Trümmern ihres Hauses verloren gegangen ist.
Da bleibt Pierre stehen, »wie wenn er aus tiefem Schlaf zu sich
käme.«
Und er vergisst seine Absicht, seine großen Pläne, das Volk
vom fremden Tyrannen zu befreien, die Anstrengung ent-
weicht, und Pierre sucht nicht mehr nach dem Platz, an dem er
Napoleon töten kann, sondern nur noch nach einem kleinen,

dreckigen Kind, das sich schließlich, da er es im Arm hält, auch noch wehrt und schreit und keineswegs froh über seine Rettung vor den Flammen zu sein scheint.

Auch kann er die Mutter in den Wirren der sich auflösenden Stadt im Kriegszustand nicht mehr finden und muss es einer fremden Nachbarin geben, die es zu seiner Familie bringen soll.

Und schließlich endet der Tag, an dem Pierre Besuchow eigentlich Napoleon hat töten wollen, mit seiner Verhaftung. Weil er den Anblick der Plünderungen der siegreichen Soldaten nicht ertragen kann, stürzt er sich auf einen französischen Marodeur und schlägt auf ihn ein, »in einem wahren Taumel vor Wut«, bis eine Patrouille ihn überwältigt.

Ein gescheiterter Tyrannenmörder.

Ob sie sich durch eine konkrete Not hätten ablenken lassen von ihrem Vorhaben?

Ob sie sich bei der Durchführung ihrer Tat auch so entfremdet vorkamen? So uneigentlich? Ob sie auch nur noch einen einmal gefassten Entschluss durchführten? Ob der Entschluss sozusagen sie durchführte? Ob sie dadurch angetrieben wurden, einfach die früheren Überlegungen nach und nach zu erfüllen – selbst, wenn sie sie gar nicht mehr überzeugten?

Kannten sie die Geschichte?

Ich habe sie immer geliebt.

Schon lange, bevor sie Alfred Herrhausen ermordet hatten.

Er hat von der Bedrohung gewusst.

Wie sollte er auch nicht, mit all den Personenschützern um ihn herum.

Er hat gewusst, dass er letztlich schutzlos war. Dass es keine umfassende Sicherheit geben könne.

Dass es kein Leben wäre, was wirklich beschützt wäre.
Manchmal hat er sie deswegen nach Hause geschickt, die Leib-
wächter.
Um ausgehen zu können. Um allein zu sein.
Um sich frei zu fühlen.
Manchmal wünscht man sich diese Einsicht bei den Innen-
ministern.
Die Sicherheit versprechen und sich danach verzehren wie
nach einem Fetisch.
Die überwachen und strafen, als ob sie damit ihre Angst vor
Kontrollverlust kontrollieren könnten.
Unerreichbar und unstillbar das Begehren.
Fahrlässig und fragwürdig das Versprechen.
Es wäre kein Leben, was wirklich beschützt wäre.
Das ist das sonderbare an diesem Versprechen der Sicherheit,
dass es nicht mehr fragt, *was* eigentlich gesichert sein soll.
Wir sollen beschützt werden vor etwas, aber was da noch
beschützt werden soll, wird zunehmend unklar. Wenn die
Freiheit erst einmal geopfert ist auf dem Altar der Sicher-
heit, bleibt nicht mehr viel übrig, das wir als unser Leben
erkennen.

Warum haben sie ihn nicht erschossen?
Wäre das zu wenig spektakulär gewesen?
Hätten sie sich dabei die Hände schmutzig gemacht?
Wäre das zu nah gewesen? Weil sie ihn dann hätten sehen
müssen?
War die Lichtschranke eleganter? Bequemer?
Oder übernahmen sie einfach das, was ihre Freunde im Nahen
Osten ihnen vorgemacht hatten?
Bei dem Attentat auf den neu gewählten libanesischen Präsi-
denten René Moawad zum Beispiel.
Wenige Tage zuvor.

In Beirut.
Dieselbe Technik.
Nur mehr Sprengstoff.

Haben sie sich ablenken lassen von den Bildern vom Fall der
Mauer, die in jenen Tagen und Wochen alle beschäftigte? Haben sie darüber nachgedacht, was dieses historische Ereignis
bedeuten könnte? Nicht nur, dass all jene RAFler, die in der
DDR abgetaucht waren, nun vermutlich innerhalb kürzester
Zeit entdeckt und verhaftet würden. Nicht nur, dass dieser
mögliche Rückzugsraum vermutlich verloren sein würde.
Sondern die Verschiebung der politischen Aufmerksamkeit
mit dem beginnenden Ende des Kalten Krieges. Haben sie vor
den Fernsehern gesessen wie alle anderen? Oder haben sie das
Ereignis ignoriert? Haben sie geglaubt, es spielte für sie und
ihren ohnehin globalen Kampf keine Rolle? Genau drei Wochen vergingen zwischen dem Fall der Mauer und dem Attentat – wie haben sie diese drei Wochen erlebt? Haben sie geahnt,
dass mit diesem Tag das utopische Moment aus dem politischen Diskurs verschwinden würde? Waren sie erstaunt? Enttäuscht? Ließ es sie gleichgültig? Haben sie sich kurz gefragt, ob
das geplante Attentat jetzt noch sinnvoll war? Ob es in der auf-
scheinenden Wiedervereinigungs-Begeisterung untergehen
könnte? Oder ob es genau der rechte Augenblick sei, bevor das
Ende der DDR beginnen würde?

Und wie war der Abend danach?
Waren sie müde von der Anstrengung des Tötens? Überdreht
von der Flucht? Waren sie überrascht, dass es ihnen gelungen
war?
Dass es Wirklichkeit geworden war?
Vermutlich waren sie einzeln geflohen. Das würde mir sicherer
erscheinen. Oder paarweise. Vermutlich hatten sie ausgemacht,

wie lange sie sich nicht sprechen würden. Um keinen Verdacht
zu erregen.

Wie haben sie die erste Nacht verbracht? Schlaflos?

Fühlten sie sich siegreich? Oder leer? Fühlte es sich wie ein
neues Leben an, das ihnen nun bevorstand? Wie ein Bruch mit
dem vorherigen? Oder wie eine Vollendung?

Als ich Wochen nach dem Anschlag erstmals nach London in
meine Wohnung zurückkehrte, stand die Schale mit dem
Müsli noch auf dem Tisch, an dem ich morgens früh gesessen
hatte, als das Telefon klingelte.

Mein Freund Trevor Asserson hatte angerufen.

Er kannte Alfred Herrhausen, weil der ihn regelmäßig geweckt
hatte.

Bis ich eine eigene Wohnung gefunden hatte, hatte ich bei Trevor gewohnt.

Alfred Herrhausen rief zu für uns nachtschlafenden Zeiten an,
und da das Telefon in Trevors Zimmer stand, ich aber im
Wohnzimmer schlief, musste er mich immer morgens holen,
weil wieder einmal mein vergnügter Freund aus Frankfurt anrief.

Ich weiß nicht, ob Trevor wusste, *wer* ihn da immer aus dem
Bett holte – bis zu jenem Morgen.

Er hatte die Nachricht im Radio gehört und versuchte nun mit
stockenden Worten zu sagen, was ich nicht hören wollte.

»*There has been an attack on your friend Alfred*«.

Ich hatte erst an einen Pressebericht gedacht. An einen verba-
len Angriff, eine Kritik. Also hatte ich mich für den Hinweis
bedankt und gesagt: »*I'll just give him a call and see how he is.*«

Armer Trevor.

Er hatte es wirklich aussprechen müssen. Weil ich es sonst
nicht verstehen konnte.

Ich rief daraufhin in Bad Homburg an.

47

Sonderbarerweise kam ich gleich durch.

Und sonderbarerweise hatte ich Traudl Herrhausen selbst am Apparat.

Ich wollte deswegen auch schon an eine Falschmeldung glauben.

Wie konnte es sonst möglich sein, dass ich sie erreichte.

»Sag, dass das nicht wahr ist.«

»Doch ...«

Es entstand eine Pause.

Was sollte sie auch sonst noch sagen.

»Bitte komm!«

Aus mehr bestand unser Gespräch nicht.

Ich packte meine Sachen. Rief eine Freundin an und bat sie, mich zum Flughafen Heathrow zu bringen und irgendwie in eine Maschine nach Frankfurt zu setzen.

Das war jetzt Wochen her.

Niemand war in der Zwischenzeit in meiner Wohnung gewesen.

Alles war noch unberührt.

Stand da wie in einem Naturkunde-Museum als Beleg für die Lebensweise in einem anderen Jahrhundert.

War das mein Leben gewesen?

Wie sollte ich dort wieder hineingelangen?

Wie sollte ich diese Normalität des Alltags, die die Gegenstände in meiner Studentenwohnung ausstrahlten, wieder herstellen?

Wie sollte ich in dieses alte Leben zurückfinden?

Wie konnte ich so tun, als hätte alles noch seine selbe Bedeutung?

Woran sollte ich anknüpfen?

Wie sollte ich diese Erfahrung in eine Erzählung gießen, die den anderen verständlich wäre?

Morgens fuhr ich wieder mit dem Fahrrad an die Universität.
Betroffene Gesichter, bei denen, die es wussten.
Wortlose Umarmungen von einigen Professoren.
Hilflosigkeit allenthalben.
Was hätten sie auch sagen können?

Es schafft einen ganz eigenen Raum um sich herum, dieses
Schweigen, in den werden wir eingeschlossen: Täter und Opfer
zugleich.
Die Stille verfestigt sich wie eine Eisschicht.
Darin eingefroren, vergeht die Zeit ohne uns.

Wie schaffen sie das?
Diejenigen unter ihnen, die noch unentdeckt in Freiheit leben?
Diejenigen unter ihnen, die im Gefängnis sitzen, verurteilt,
womöglich für eine andere Tat, nicht den Mord an meinem
Freund?
Wie halten sie es aus, dieses Schweigen?
Wie können sie weiterleben?
Als wer?

Wie können sie sein, wer sie sind, wenn sie über ihre eigene
Geschichte nicht sprechen können?
Wie können sie jemand anders werden, wenn sie über ihre
frühere Geschichte nicht sprechen?

Wir sind sprachliche Wesen. Wir verstehen uns nur im Gespräch mit anderen. Erzählend entwickeln wir unsere Vorstellung von uns selbst. Von unserer Herkunft erfahren wir durch
die Geschichten, die erinnerten, die erfundenen, unserer Vor-
fahren, von uns selbst erfahren wir durch die Reaktionen der
Anderen.

Als solche sprachliche Wesen, die sich dialogisch, mit und
durch andere begreifen, sind wir abhängig davon, dass wir
unsere Erfahrungen in eine Geschichte betten können.
Wie mäandernd sich unser Leben auch seinen Weg bahnt,
suchen wir doch danach, seinen Verlauf in ein Narrativ
bringen zu können.
Erzählend vollziehen wir die beabsichtigten wie unbeabsich-
tigten Bewegungen nach. Zeichnen das Vorgefundene erst aus.
Geben den Zufällen einen Sinn, den Unfällen eine Bedeutung
und uns selbst eine bestimmte Kontur.
Es ist im Gespräch mit anderen, dass auch die Kontinuität unserer narrativen Identität sich beweisen muss, sie bestätigt und
hinterfragt wird.
Durch die Anerkennung oder Abweisung der Gegenüber
zeichnen sich unsere Eigenheiten und Andersartigkeiten, Ähn-
lichkeiten und Verschiedenheiten, unsere Individualität also,
erst ab und aus. Zustimmung oder Ablehnung prägen unsere
Identität gleichermaßen. Erst das Verhandeln von Selbstbild
und Fremdwahrnehmung, das Übereinanderlegen der Folien,
gibt uns einen dynamischen Eindruck davon, wer wir sind. Für
andere und für uns selbst.

Wie soll ihnen das gelingen?
Sie können ihr Leben nicht vermitteln, anderen nicht und damit auch sich selbst nicht. Denn ihr Leben hat einen Bruch,
den sie nicht einflechten können in ihre Erzählung. Sie müssten erklären können, wie sie dorthin gekommen sind – jenseits
der Schablonen vom »System« und dem »Staat«.
Sondern, indem sie »Ich« sagen.

Keiner will ihnen das zugestehen: die Mittäter nicht, denn sie
müssten dazu aus dem Kollektiv ausbrechen und wieder ein
Subjekt, ein Individuum werden.

Die Gegenseite nicht, denn die wollen ihnen jede Subjektivität, jede Menschlichkeit absprechen.

Die vermeintlichen Sympathisanten, die immer noch in diesem Jargon daherreden, verstehen nicht, dass sie sie nur weiter im Eis der unbegriffenen, weil unerzählten Erfahrung einschließen.

Die vermeintlichen Repräsentanten, die immer nur von »Reue« reden, verstehen nicht, dass die Täter nicht einfach bereuen können, was sie nicht vorher als Eigenes begriffen haben.

Ich möchte keine Reue.

Ich möchte, dass sie mir *ihre* Geschichte erzählen.

Mit allem, was darin für mich schmerzlich sein mag.

Das müsste ich aushalten.

Aber erst dann wird der Mord an meinem Freund vorstellbar.

Erst dann kann die Phantasie aufhören, mich zu quälen.

Ich brauche ihre Geschichte.

Denn sie ist auch meine.

Die Täter wiederum, dessen bin ich sicher, brauchen auch meine Geschichte, inklusive der Einwände.

Es kann ihnen nicht reichen, sich einfach als vom Staat verfolgte, von der Gemeinschaft unverstandene Avantgarde zu begreifen.

Es kann ihnen nicht reichen, diese statische, ahistorische Sprachlosigkeit, die anscheinend selbst unter ihnen herrscht und alles austrocknet.

Es kann ihnen nicht reichen, ihre Taten als symbolische, sich selbsterklärende Morde zu behaupten, die angeblich eine bessere Ordnung vorbereiten.

Stumm können sie weder diese Tat verorten in ihrer eigenen Geschichte noch ihr Leben danach.

Im Gefängnis.

Oder in der unsicheren Freiheit desjenigen, der nicht gefasst wurde und der den Rest seines Lebens mit der Angst ringen muss und dem Wissen, über dieses Leben nicht sprechen zu können.

*

Das wird bestritten werden.

Dieses Argument unterstellt eine Form der Subjektivität, der verletzbaren Menschlichkeit beim Gegenüber, die viele ihnen nicht zugestehen wollen:

Die ehemaligen Täter suchten gar keine kritische Selbstbetrachtung ihres Lebens, lautet der Einwand, sie seien nicht an einer Verständigung interessiert, weder über sich selbst noch über ihre Handlungen und ihr Leben.

Dieses Argument unterstellte eine Form der Nachdenklichkeit und der Empfindsamkeit, die nicht gegeben sei bei derart erkalteten, selbstsüchtigen Mördern. Diese Täter seien nichts als größenwahnsinnig, sie seien zufrieden mit sich und ihrem Leben, sie sehnten sich nach nichts außer sich selbst, lautet der Widerspruch.

Die Idee, auch die Täter brauchten dieses Narrativ, durch das sie sich selbst und ihr Leben erzählend begreifen, im Dialog mit anderen, diese Vorstellung sei illusorisch.

Schlimmer noch: Diese Einschätzung der RAFler sei fahrlässig und ahnungslos.

Gewiss, es ist eine unbegründete Annahme, eine Projektion auf ein mir unbekanntes Gegenüber. Ich weiß weder, wer noch wie die Täter sind.

Was also bedeutet es, wenn ich diesen Unbekannten eine Subjektivität zuschreibe, die sich den Taten, die sie begangen haben, widersetzt?
Was bedeutet es, diesen schweigenden Menschen den Wunsch
nach Sprache zu unterstellen?
Wie unsinnig ist das?

Es gibt Gründe, an diese Form der Subjektivität zu glauben:
Wir kennen die Täter nicht. Alle Überlegungen, über ihre
Wünsche und Bedürfnisse, ihre Überzeugungen und Motive
sind spekulativ und projektiv.
Vielleicht möchten sie sprechen, vielleicht nicht.
Das können wir nicht wissen.
Aber was wäre schlimmer: Wir gäben ihnen die Möglichkeit zu
sprechen, wir lüden sie ein – und sie wollten nicht sprechen, sie
schlügen die Offerte aus?
Oder: Sie wollten gerne sprechen, aber wir gäben ihnen die
Möglichkeit nicht?
Die Möglichkeit, aus dieser verfahrenen Situation der wechsel-
seitigen Verachtung und Konfrontation herauszukommen,
gibt es dann und nur dann, wenn wir, wie immer hypothetisch
und unwahrscheinlich, unterstellen, dass es eine verletzbare
Subjektivität auch im Gegenüber gibt.
Unterstellen wir das nicht, gibt es keine Veränderung.

Wir müssen das, was wir wollen, auch im Vorgriff unterstellen,
sonst werden wir es nicht ermöglichen. Wir müssen das, was
wir vom Gegenüber wollen, was wir moralisch erwarten, auch
als erfüllbar erachten.
Diese Offenheit impliziert die Bereitschaft, enttäuscht zu
werden. Aber in jedem kommunikativen Angebot, jeder
erotischen Geste, jeder moralischen Norm liegt die Möglichkeit, abgewiesen oder verletzt zu werden. Aber wenn wir aus

Angst vor Ablehnung verzichteten auf diese Gesten und Einladungen an den Anderen, verkümmerten wir und unsere Vorstellungen davon, wer wir sind und wie wir leben und lieben wollen.

Als ich das erste Mal durch Iran reiste, streckte ich jedem und sei es ein noch so traditionell gläubiger Mann die Hand entgegen. Ich wusste, er würde sie vermutlich nicht annehmen wollen oder können. Ich wusste, er würde höflich den Kopf verneigen, aber die Berührung verweigern.
Warum ich sie trotzdem ausstreckte?
Weil ich deutlich machen wollte, dass ich es gleichwohl für die richtige Erwartung hielt: dass niemand die Berührung zu scheuen hätte, dass sie nicht als verwerflich, schmutzig, sexuell konnotiert gelte.
Weil ich nicht automatisch diesem Blick auf Frauen beipflichten wollte, indem ich die Hand gar nicht erst ausstreckte. Ich konnte enttäuscht werden, immer wieder, aber ich wollte in der Geste meine Erwartung ausdrücken.
Es war ein dauerndes Verhandeln der verschiedenen Perspektiven, der Achtung vor dem Glauben des Gegenübers und meiner Selbstachtung.
Ich habe es aufgegeben, irgendwann, ich kann mittlerweile auch eine freundliche Begrüßung erkennen, selbst wenn sie auf die Berührung meiner Hand verzichtet, aber es hat eine Weile gedauert. Vielleicht können einige meiner Gegenüber in der Zwischenzeit auch verstehen, warum ich ihnen die Hand entgegengestreckt habe.

Insofern ist diese Annahme, die RAFler suchten ebenfalls nach einer Möglichkeit des Sprechens, auch schlicht eine normative Erwartung. Ganz gleich wie oft und wie heftig sie enttäuscht oder ausgeschlagen wird: Sollte ich deswegen die Hoffnung aufgeben, der oder die andere könnte sie annehmen, diese Einladung zum Dialog?

Die Frage ist eben nicht nur: Wer sind die anderen? Wer wären sie, wenn wir sie so oder so behandelten? Sondern die Frage bleibt auch: Wer wären denn *wir*, wenn wir stets die Unmenschlichkeit, die Unfähigkeit, die Verhärtung im Gegenüber unterstellten?

Die Enttäuschung, dass die Verständigung mit dem Anderen nicht zustande kommt, ist weniger beschädigend als der Verzicht auf die Überzeugung der Möglichkeit der Verständigung. Es käme der Selbstaufgabe gleich. Nicht nur der Aufgabe der Anderen.

Vielleicht ist das auch einer der Gründe, diese Geschichte zu erzählen.

Niemals zu fordern, was wir wollen und brauchen, niemals einzuklagen, was wir für richtig halten, niemals zu erklären und zu beschreiben, wer wir sind oder sein wollen, weil wir es für unmöglich halten, dass es sich erfüllt, lässt uns selbst verkümmern.

Wir lassen uns dann zwingen in die vorgezeichneten Spuren früherer Diskurse, lassen uns zwängen in die konventionellen Korsette früherer Kollektive, wir übernehmen die Verletzungen, die uns nicht zugefügt wurden, übernehmen eine Sprache, die uns nicht zu eigen ist und die nicht ausdrückt, wie wir uns verstehen.

*

Das, scheint mir, ist die größte Strafe, die ihnen zuteil werden konnte: das Schweigen, die gebrochene, unmögliche Erzählung des eigenen Lebens.

55

Das muss schlimmer sein als das Leiden hinter verschlossenen Toren.

Sie müssen sprechen.
Für sich allein. Nicht für die anderen.
Als Individuum.

Vermutlich bedeutet dieser Entschluss, »Ich« zu sagen, eine Absage an die frühere Zugehörigkeit zur RAF. Und sie müssen sich fragen, ob sie das wollen. Ob sie das können. Wie sie das schaffen.

Ich bin vor einigen Jahren aus der Kirche ausgetreten.
Das war ein schwerer Entschluss.
Ich bin mit dem Alten und dem Neuen Testament aufgewachsen.
Die archetypischen Geschichten darin haben mich geprägt wie kein anderes Buch. Die Bilder, der Rhythmus, die Tonalität der Verse. Die beschriebenen Landschaften. Die Figuren und ihre Leben.
Ich bin mit diesen Erzählungen verwoben.
Es sind andere Prägungen, andere Bilder und Geschichten hinzugekommen über die Jahre. Und schließlich, beinahe unbemerkt, ist die Exklusivität verloren gegangen.
Durch die Reisen in andere Länder ist die Vertrautheit mit anderen Bezügen und Überzeugungen gewachsen. So sind die Grenzen des Eigenen und des Fremden porös geworden.
Irgendwann dann schien die Zugehörigkeit zu dieser *partikularen* Gemeinschaft nicht mehr zutreffend.
Sie war zu eng.
Etwas stimmte nicht mehr, wenn mich fremde Menschen irgendwo auf der Welt nach meiner Religion fragten. Sie verbanden damit ein unbestimmtes Repertoire an Praktiken und

Überzeugungen. Noch nicht einmal unbedingt eine ganze
Lebensform.

Aber es stimmte eben nicht mehr. Das Eigene war längst viel-
fältiger, brüchiger geworden.

Die Zugehörigkeit zu dieser Gemeinschaft war zwar biographisch wahr, aber nicht mehr intellektuell wahrhaftig.

Alles, was ich immer schon falsch darin fand, rückte auf einmal von der Peripherie der Betrachtung ins Zentrum.

Trotzdem fiel mir der Austritt schwer.

Mir schien der Abschied so falsch wie das Verbleiben darin.

Warum?

Ich vermute, ich wollte damit nicht meine eigene Vergangenheit verleugnen müssen. Ich wollte nicht eine Absage an all das
erteilen, woraus ich – auch – gemacht bin.

Vielleicht denken sie ähnlich.

Ich weiß es nicht.

Die christliche Gemeinschaft ist nicht vergleichbar mit einer
terroristischen Vereinigung.

Aber es sollen hier auch nicht die *Inhalte* der Überzeugungen
und Praktiken ins Verhältnis gesetzt werden.

Sondern die *strukturellen Bedingungen* und Begründungen für
Zugehörigkeiten zu Kollektiven, die auch einen lebensge-
schichtlichen Zusammenhang bilden.

Vielleicht schweigen sie auch deswegen so lange.

Vielleicht wollen sie deswegen nicht »ich« sagen, die Stille
nicht brechen.

Nicht, weil sie noch Teil dieser Gruppe wären, nicht, weil sie an
die Ideologie noch glaubten, sondern weil sie nicht negieren
wollen, dass sie sie mitgeformt hat.

Warum ich trotzdem ausgetreten bin?

Wieso ich es konnte?

Weil ich mich eines Tages gefragt habe, ob ich heutzutage noch *eintreten* würde.

Den Anspruch, scheint mir, muss ich an eine jede Mitgliedschaft anlegen können: dass sie mich überzeugt, dass ich sie bejahen kann.

Vielleicht nicht jeden Tag.

Aber potentiell jeden Tag.

Ich muss, neu befragt, zustimmen können.

Muss mich zugehörig erklären können.

Mit guten Gründen.

So als ob ich erneut eintreten würde in diese Gemeinschaft.

Sobald ich die Frage positiv formuliert hatte – »Würde ich heute eintreten?« –, war alles eindeutig. Es war ganz leicht.

Nein, ich würde heute *nicht* mehr eintreten.

So konnte ich austreten, ohne das Gefühl zu haben, alles verleugnen zu müssen, was ich war und auch noch bin.

Es war überzeugend bis zu einem bestimmten Moment.

Als es nicht mehr überzeugte, bin ich daraus hervorgegangen.

So wie die Jahresringe in einem Stamm, die früheren, sich ja nicht auflösen, sondern bestehen bleiben – auch wenn ein neuer Ring hinzuwächst.

Können sie das sagen?

Können sie sagen, dass sie auch heute noch eintreten würden in die RAF?

Wenn nicht, dann sollten sie überlegen, ob sie austreten können aus dem Schweigen.

Und »ich« sagen.

Sie verleugnen damit nicht, wer sie waren.

Im Gegenteil.

Aber sie sprechen nicht mehr für die anderen.
Nur für sich.

So wie ich hier auch nicht im Namen der anderen schreibe.
Nicht schreiben *kann*.
Jeder von uns hat eine eigene Art des Trauerns. Eigenen Zorn.
Eigene Alpträume. Wir leben mit diesem Bruch alle unter-
schiedlich.
Und was ich empfinde und schreibe, mag andere verstören
und irritieren.
Andere Angehörige der Opfer werden andere Erfahrungen gemacht haben, anders weitergelebt haben.
Was ich schreibe, mag einigen entsprechen, einige wird es
erleichtern, vielleicht. Andere werden sich abwenden, wieder
andere wird es empören.
Aber genau das ist unser Privileg: dass wir als Individuen reagieren dürfen. Dass wir uns keiner Kollektivität verpflichtet
fühlen müssen. Dass wir unsere Verschiedenartigkeit erhalten,
unsere Verletzbarkeit oder Unversöhnlichkeit individuell arti-
kulieren dürfen.
Wie gesagt: Jeder von uns hat seine eigene Art des Trauerns.
Und was ich schreibe, mag andere irritieren.
Nicht nur die Angehörigen der Opfer, sondern auch meinen
Freundes- und Bekanntenkreis, in dem viele von diesem Teil
meiner Biographie nichts wissen.

Aber dies ist meine Geschichte mit dem Verbrechen und der Stille.

Achtzehn Jahre habe ich dazu geschwiegen, und so musste ich
sie mir erst selbst aneignen, um sie beschreiben zu können.
Musste sie erst beschreiben, um sie mir aneignen zu können.

Das birgt Risiken. Selbst in der schuldlosen Freiheit.

Auf einmal scheint sich das ganze Leben auf diesen einen Bezug zu reduzieren.

Als habe es keinen anderen gegeben.

Natürlich möchte auch ich das nicht: auf einmal die eigene Person nur auf diese Erfahrung komprimiert zu wissen, auf diese Beziehung.

Natürlich möchte auch ich nicht alle Arbeit auf einmal verkürzt biographisch gedeutet sehen.

Dabei ist das eigene Leben, das Ringen mit Themen und Motiven, das eigene Begehren, die Lust und der Zorn, die einen treiben und umtreiben, so unberührt und unabhängig von dieser Erfahrung.

Aber wer glaubt einem das schon?

Mein bester Freund hat mir abgeraten, diese Geschichte zu erzählen. Sie sei zu privat.

Zu verwundbar sei ich danach.

Jeder würde mich nur noch in diesem Milieu, in diesem Zusammenhang verorten.

Wer wäre ich dann?

Das ist nicht vergleichbar, werden sie einwenden. Schließlich kostet mich mein Schreiben nichts. Einige Missverständnisse vielleicht. Einige Belästigungen. Aber nicht meine Freiheit.

Sie haben Recht.

Das ist ein Ungleichgewicht.

Vermutlich beschützen sie nicht nur sich selbst, sondern auch noch andere.

Sie können nicht sprechen, werden sie einwenden, denn damit entlarvten, belasteten sie andere.

Ist das die Rechtfertigung für das Leben mit der Lüge?

Für die Stille?

Ich möchte, dass sie nach Hause gehen können.

Wo immer das für sie auch sein mag. Aber sie sollen diese Geschichte erzählen.
Sie sollen gehen dürfen. Frei sein.
So frei, wie man sein kann, wenn man Schuld auf sich geladen hat.
Aus dem Gefängnis sollen sie entlassen werden.
Aber reden sollen sie vorher. Bitte.
Wenn wir das wollen, dann müssen wir die Bedingungen dafür herstellen, dass sie es können.

Freiheit gegen Aufklärung. Amnestie für das Ende des Schweigens.

Es ist an uns, diesen Rahmen zu stiften, in dem sie uns ihre Geschichte erzählen und bereit sind, sich unseren Fragen und unserer so anderen Geschichte zu stellen. Wir müssen sie einladen dazu, müssen die Voraussetzungen herstellen, damit sie es können.

Wie sie sprechen sollen?
Ich weiß es nicht genau.
Manchmal wünsche ich mir, sie sprächen leise, beinahe für sich, aber so, dass ich es hören könnte.
Manchmal wünsche ich mir, sie könnten flüstern. Sie könnten sprechen, so wie man nachts spricht. Im Dunkeln. Ungeschützt und befreit, aber vorsichtig jedes Wort abwägend, ihm nachhorchend, als könnte es noch entschwinden. Ein wenig traumwandlerisch könnte es sein dieses Sprechen. Gemurmelt, genuschelt.
Vielleicht würde es ihnen flüsternd leichter fallen. Vielleicht wäre es weniger beängstigend. Flüsternd mag sie vielleicht

weniger gewichtig erscheinen, diese Geschichte, die sie mit sich herumgetragen haben so viele Jahre, die schwerer und schwerer wurde mit der Zeit. Die hinabsank. Und die sie nun heben müssen.
Vielleicht würde sich die Schwerkraft des Sprechens wandeln, wenn sie flüstern dürften.
Vielleicht.

Manchmal wünsche ich mir, sie hätten alles um sich, was sie dazu brauchten: Licht oder Dunkel, etwas in der Hand zum Abzählen, zum Festhalten, einen bequemen Stuhl, einen Tisch, auf den man sich stützen kann, eine Tasse heißen Tees, damit es so vertraut und privat wie möglich wirkt. Manchmal wünsche ich mir, die Situation wäre so belang- wie harmlos, damit ihnen die Angst vor dem Außerordentlichen des Endes des Schweigens genommen würde.
Manchmal wünsche ich mir, es wäre niemand anwesend, niemand, der sie ablenkte, niemand, der ihnen den Mut nähme.

Manchmal wünsche ich mir, sie sehnten sich nach einem Adressaten, einem anderen, jemandem, der zuhört und nicht sofort urteilt. Jemandem, der zu warten in der Lage ist, der hilft, mit Worten oder Gesten, wann immer die Erzählung ins Stocken gerät, wann immer die inneren Landschaften sich dem Zugriff verweigern.
Manchmal wünsche ich mir, sie könnten leise sprechen, mit einer Behutsamkeit, die sie in ihren Erklärungen nie hatten.
Manchmal wünsche ich mir, sie könnten nachdenken beim Sprechen, innehalten, die eigenen Worte abklopfen darauf, ob sie den inneren Zuständen und Überzeugungen eigentlich eine Form verleihen, eine richtige Bedeutung, ob sie sich anpassen, ob sie sich fügen, ob sie zutreffend sind.

Und nicht umgekehrt, dass die äußeren Erwartungen die
Worte in Schablonen liefern, in die hinein sie innere Zustände
pressen.

Manchmal wünsche ich mir, nach all den Jahren und Jahrzehnten zwischen den Fronten der ideologischen Kollektivität,
in der Verzerrung der medialen Konstruktion des Fremdbilds
eines Terroristen und der eigenen stilisierten Konstruktion des
Selbstbilds des RAFlers gäbe es einen privaten diskursiven
Raum, in dem ein Sprechen außerhalb und jenseits der perma-
nenten Korrektur und Zensur möglich wäre.

Wie sollte es anders gelingen?
Wie sollten sie es anders überwinden können?
Wie sollten sie sonst eine andere Sprache finden als die, hinter
der sie sich selbst verbarrikadiert haben, als die, in der sie ge-
bannt waren?
Wie sonst sollten sie diese Geschichte erzählen, diese Geschichte, in der sie sich selbst wiederfinden, die es schafft,
einerseits ihre damalige Perspektive sinnhaft in ihrer eigenen
politischen Sozialisation zu positionieren und andererseits ihre
heutige Perspektive zu erläutern, ohne sie als vollständigen
Bruch mit dem vorherigen behaupten zu müssen?
Wie sonst sollten sie sich diese Geschichte selbst aneignen als
eine individuelle, in der sie abweichen dürfen von den normativen Erwartungen und Behauptungen des längst geschlossenen Kollektivs und von den Zuschreibungen und Anklagen der
offenen Gesellschaft?
Wie sonst als im privaten Raum, in einer geschützten Ge-
sprächssituation, sollten sie die Furcht vor der Rhetorik des
Verrats verlieren?

Ich weiß, dass ihnen die Ankündigung der Amnestie gegen
Wahrheit, das Angebot der Freiheit gegen Aufklärung zunächst

wie eine Drohung erscheint. Wie die Schrift an der Wand, die
das eigene Ende ankündigt. Ich vermute, dass sie es zunächst
nicht glauben wollen, vermute, dass das Sprechen immer noch
unter den Verdacht des Korrupten gestellt wird, immer noch
als Verrat der anderen, als Selbstaufgabe gilt.

Ich vermute, dass ein Sprechen außerhalb der Gruppe,
ein wirklich suchendes, fragendes, zweifelndes, unsicheres
Sprechen, das etwas mitteilen will, das sich selbst entdeckt
und fortentwickelt im Gespräch, das etwas ausprobiert,
erkundet, anbietet, das verletzlich ist, zurückgewiesen
werden kann, dass dieses Sprechen lange als Subversion galt.
Wer so sprach, bot sich feil, lud den Gegner ein, offenbarte
eigene Schwächen in einem Krieg, der keine Schwächen
zuließ.

Ich glaube, dass es deswegen der Stille und des Privaten bedürfte, um überhaupt ein Sprechen zu ermöglichen.

Ich vermute, dass es nur einer kurzen Irritation bedürfte, um
sie wieder zurückschnellen zu lassen in das stabilisierende
Korsett der Verachtung. In diesen Hass, der sich nicht erklären
wollte, der nicht begründen wollte, dessen einzige Aufgabe
darin bestand, sich selbst aufrecht zu halten, und darin die
Identität der ganzen Gruppe markierte.

Und ich vermute, dass es der Stille und des Privaten bedürfte,
damit dieser Hass nicht von außen Nahrung zugeführt be-
käme.
Ich wollte ein Gespräch im privaten Raum nicht einfach, weil
es ihnen das Sprechen erleichterte, sondern weil es ihnen den
Hass und die Verachtung erschwerte.

Aber dann überkommt mich immer auch ein Unbehagen bei
dieser Vorstellung eines privaten Sprechens.

In einem solchen abgeschlossenen Raum bleibt das Sprechen
immer auch seltsam entrückt. Aus der Zeit. Aus der Welt.

Sie befreit sie nicht, diese Form des Gesprächs, sondern wirft
sie zurück auf eine entkoppelte Ansprachsform.

Es wirkt wie ein Sprechen in einem verhüllten Raum, eine
Zweisamkeit, die asymmetrisch bleibt, eine unangebrachte
Intimität, die nicht wirklich intim sein will und kann.

Was für eine Gesprächsform wäre das?

Was würde damit symbolisch oder performativ zitiert?

Es wirkte lediglich wie eine Art der Beichte.

Darum kann es, darum darf es nicht gehen.

Auch wenn ich es mir wünschte, diese Gelegenheit, einmal mit
ihnen sprechen zu dürfen. Ohne alle Beobachtung und Be-
urteilung durch Dritte.

Sie müssen trotzdem öffentlich sprechen.

Denn sie müssen aus diesen geschlossenen Räumen heraustreten.

Sie hatten zu viele exklusive Diskurse: die Bekennerschreiben
der elitären Militanten im Untergrund, die Verhörsituationen
in der Haft und all die Formen semi-privater Kommunika-
tionsformen, die ihnen seither gestattet sind.

Erst beim öffentlichen Sprechen verorten sie sich und ihr Denken wieder in der sozialen und politischen Textur der Gesellschaft, aus der sie sich selbst ausgeschlossen haben, bevor sie
eingeschlossen wurden.

Erst beim öffentlichen Sprechen wenden sie sich an jenen
Adressatenkreis, an den sie sich schon zuvor hätten wenden
sollen. Erst so lösen sie sich von der Vorstellung einer Avant-

garde, deren Handlungen sich den Massen erklärungslos hatten erschließen sollen.

Erst im öffentlichen Sprechen gehen sie heraus aus dieser monologischen Haltung, mit der sie ihre Bekennerschreiben verfassten. Und erst im öffentlichen Sprechen verlassen sie den Schutz der Unsichtbarkeit.

Treten sie heraus aus der vielseitigen Eingeschlossenheit.

Nur so erschließt sich wieder der Raum des Sozialen, entdecken sie andere Akteure als nur »den Staat« und sich selbst.

So vergrößert sich der Fokus des Politischen wieder.

Erweitert sich der Kreis der Adressaten, der Gemeinschaft, in die sie zurückkehren sollen.

In ihrer Auflösungserklärung von 1998 mit dem absurden Titel »Das Projekt ist beendet« bemerkten sie selbst, woran »das Projekt« gescheitert war: an der Unfähigkeit, aus dem eigenen geschlossenen Zirkel herauszureichen, politische Visionen zu entwickeln, einen positiven gesellschaftlichen Entwurf zu erarbeiten, jenseits der Gewalt.

Auch deswegen müssen sie jetzt sprechen. Öffentlich sprechen.

Erst im öffentlichen Sprechen eröffnet sich das Politische jenseits des Vokabulars des Krieges.

Vielleicht werden sie sich entwurzelt fühlen, haltlos.

Das Schweigen war schließlich die einzige Gemeinsamkeit, die sie über verschiedene Gefängnisse, verschiedene Überzeugungen noch miteinander verband.

Das Schweigen stiftete vermutlich als einziges noch eine Identität zwischen den ehemaligen Mitgliedern der RAF, die längst zersplittert waren.

Das Schweigen war vermutlich auch der letzte Quell der Selbstachtung.

Wer schwieg, hatte nicht aufgegeben.

Wer schwieg, war nicht übergelaufen.

Wer schwieg, grenzte sich nicht ab.
Wer schwieg, suchte sich nicht zu retten.
Wer schwieg, beschützte die, die noch frei waren, die unbekannt waren.
Wer schwieg, konnte sich so einen letzten Rest an Haltung erhalten.

Was aber, wenn sie niemanden mehr belasten müssen?
Was, wenn sie niemanden mehr bezichtigen müssen?
Was, wenn niemand mehr angeklagt würde?

Wenn die Rechtfertigung für das Schweigen genommen würde?
Es wäre kein Verrat mehr.

Ich weiß auch, dass ihr Schweigen unterschiedliche Funktionen erfüllte.
Ich weiß, dass das Ende des Schweigens für jeden etwas anderes bedeuten würde.
Die einen haben eine Strafe bereits abgesessen.
Für sie bedeutete »Freiheit für Aufklärung« eine Befreiung im Wortsinn.
Sie könnten gehen.
Sie würden nicht mehr neu angeklagt für die Taten, die sie aufklärten.

Aber sie würden möglicherweise andere belasten, die bisher nie in Verbindung gebracht wurden mit bestimmten Verbrechen, sie würden frühere Freunde, die im Schatten einer Lüge frei leben konnten, erst ans Licht zerren.

Gewiss, für die, die bisher unbehelligt von jeder Anklage oder Inhaftierung leben konnten, bedeutet das Ende des Schweigens auch das Ende ihrer behaupteten Unschuld.

Aber auch sie sollten nicht angeklagt werden.

Für die bisher Unentdeckten muss dasselbe Angebot gelten: Auch sie sollen frei bleiben.

Das mag unfair erscheinen.

Aber ohne ein Angebot, das sich an *alle* richtet, die bekannten und die unbekannten Täter, wird es keine Aufklärung geben.

Niemand, der im Gefängnis sitzt und bisher geschwiegen hat über die eigene Tatbeteiligung oder die anderer, würde nun auf einmal freiwillig jemanden belasten.

Insofern kann es keine geteilten, keine abgestuften Angebote geben.

Insofern wird es manche Täter geben, die niemals bestraft werden: weder für eine Tat, die sie begangen haben, noch für eine, die sie nicht begangen haben.

Denn zumindest das wusste man bisher sicher: Da saßen RAF-ler im Gefängnis für irgendein Verbrechen, für irgendeine Form der Beteiligung. Ob sie für die Tat saßen, die sie auch begangen hatten, oder für eine andere, wusste man so sicher nicht immer.

Diejenigen, die bisher unentdeckt ein Leben führen konnten, werden etwas verlieren, wenn sie sich zu sprechen entscheiden: Sie werden identifizierbar.

Sie werden erkennbar und können einer Tat, einer Geschichte zugeordnet werden.

Sie würden sich einer Entscheidung, einer Überzeugung stellen müssen, die sie vielleicht heute nicht mehr teilen.

Sie würden sich nicht mehr verleugnen können.

Sie würden ins Kreuzfeuer der Kritik geraten. Vermutlich.

Sie würden angegriffen werden.

Von Fremden. Von Bekannten. In der Öffentlichkeit. In der Familie vielleicht.

Verlören sie nicht nur? Anders als die ehemaligen Mitstreiter
im Gefängnis?
Warum sollten sie diesen Schritt gehen?
Warum sollten sie sich dem aussetzen?

Das Ende des Schweigens befreite auch sie: von der Ungewiss-
heit der Entdeckung, der Unsicherheit des Lebens auf der
Flucht, in der Lüge.
Das Ende des Schweigens eröffnet auch den noch unbekannten
Figuren eine Erzählung, ohne die sich ihnen ihr eigenes Leben
nicht erschließt.

*

Illusorisch?
Macht sich lächerlich, wer in diesem so vorcodierten, vorge-
schriebenen Kurs der stummen Gewalt eine alternative Sprache sucht?
Zeugt es nurmehr von mangelndem Realitätssinn, dieser reni-
tente Versuch, die wechselseitigen Verkrustungen auflösen zu
wollen? Verkennt es nicht die elementaren und unüberbrück-
baren Differenzen beider Seiten? Ist es einfach zu spät, um
noch um Aufklärung bemüht zu sein? Ist die Geschichte nicht
einfach zu verfahren? Haben die Beteiligten sich zu viel angetan, als dass sie noch austreten könnten aus diesem Zirkel der
Verbitterung? Ist es nicht unmöglich, in diesem ritualisierten
Habitus der Verachtung noch eine neue Geste zu suchen?

Andererseits: Was für ein Zynismus wäre es anzunehmen, eine
Geschichte der Gewalt bliebe immer nur das: eine Geschichte
der Gewalt, eine geschlossene, dichte, undurchdringliche Erscheinung, als gäbe es keine Brüche in den Erzählungen, den
Überzeugungen, den einzelnen Figuren des Kollektivs.

Als gäbe es in Konflikten keine handelnden Akteure, als schürten Konfrontationen sich ganz von allein, als gäbe es keine
individuellen Stimmen in den orchestrierten Exzessen der
Gewalt, als gäbe es keine Abweichungen, keinen Dissens,
keinen zweifelnden Versuch des Aufbegehrens, der Suche nach
einer anderen Erzählung als der verordneten. Als bestimmte
die Zugehörigkeit zu einer Gruppe schon über das Denken, als
gäbe es für Individuen nur eine Zugehörigkeit, als wäre nicht
jede von uns geprägt durch vielfältige Bezüge, Eigenschaften,
als gäbe es nicht dauernd Widersprüche und Ambivalenzen, als
stifteten diese kontroversen Vielfältigkeiten nicht immer auch
die Möglichkeit einer anderen Erzählung, eines Abweichens
von der vorgegebenen Geschichte.

Selbst in der Ilias, dem Epos des Krieges schlechthin, in dieser
Geschichte des unkontrollierbaren, ungezügelten Zorns, der so
unaufhaltbar Tod und Zerstörung vorantreibt, selbst in dieser
Geschichte, die nur den Fluchtpunkt der Verzweiflung und des
Verlusts zu kennen scheint, tauchen immer wieder Stimmen
auf, die Zweifel säen, die die vermeintlich innere Notwendigkeit des Kampfes infrage stellen. Sie bitten den Sohn, den
Mann, den Geliebten darum, innezuhalten. Sie warnen vor
diesem Zirkel der Gewalt. Sie beschwören Vernunft, Liebe,
Zweifel, damit jene bleiben: bei denen, die sie lieben und bei
sich selbst. Es sind nicht die Ahnungslosen, die sich der Logik
des Krieges widersetzen, sondern diejenigen, die um das lang-
lebige Echo der Gewalt wissen. Sie sprechen aus Erfahrung,
nicht aus Feigheit. Sie kennen die Ordnung der Dinge im Krieg
und wollen sie doch durcheinanderbringen. Wie immer unwahrscheinlich oder unerwünscht diese Stimmen auch sein
mögen, sie sprechen.
Sie scheitern. Alle.

Aber erst vor diesen Stimmen hebt sich das Grauen des Krieges als eines *verhinderbaren* wirklich ab.

*

Sie müssen sprechen. Öffentlich.
Gewiss: Es gibt keine unschuldige, neutrale Öffentlichkeit. Sie werden nicht wohlwollend empfangen werden. Sie werden umgehend die alten Affekte und Ressentiments auslösen. Das öffentliche Sprechen kann auf keine klassische *agorá* mehr zählen.
Die über Jahrzehnte eingespielte Hysterie einer Medienlandschaft, die im gesellschaftlichen Diskurs gern ein öffentliches Lynching inszenieren möchte, wird nicht hilfreich sein.
Die Medien werden vermutlich dasselbe Spektakel veranstalten wie stets, dieses Ritual, bei dem journalistische Akteure sich als objektive Kommentatoren inszenieren und sich weigern, ihre eigene Rolle zu reflektieren.
Das ist eine Gefahr des öffentlichen Diskurses: dass von vornherein mit demagogischen Verzerrungen zu rechnen wäre.

Aber ohne eine öffentliche Debatte verbliebe eine Aufklärung der Geschichte der RAF in einem ahistorischen Raum. Die Täter blieben ausgeschlossen und eingeschlossen zugleich.
Das ist, was allzuoft versucht wurde: die Diskussion über das Phänomen der RAF, über seine Wurzeln, seine Entstehung, seine Folgen und Wirkungsmacht frühzeitig abzubrechen.
So wurde die Reflexion auf die RAF verkürzt auf das moralische Urteil über ihre Taten.
Das ist gleichermaßen evident wie destruktiv.

Die dauernd wiederholte rein moralische Empörung über die Verbrechen ist ebenso selbstverständlich wie irrelevant.

Empörung allein fördert weder Wissen noch Verstehen.
Und Verstehen bedeutet nicht Gutheißen. Das ist ein sonder-
bares Missverständnis, das gegenwärtig die politische Diskus-
sionskultur vielfach beschädigt. Als ob jede intellektuelle oder
künstlerische Auseinandersetzung mit einem Phänomen oder
einer Person automatisch ihre Verklärung produzierte.

*

Dieser Vorwurf zieht sich durch die Geschichte der Beschäfti-
gung mit der RAF und pervertiert mit einer Hermeneutik des
Verdachts jede öffentliche Debatte. Schon der Maler Gerhard
Richter wurde zum Opfer dieser Verdrehung, als ihm unter-
stellt wurde, sein Zyklus »18. Oktober 1977« verherrliche die
Toten aus Stammheim.

Auf einer Gedenkveranstaltung für die Opfer des RAF-Terrors
echauffierte sich ein namhafter Historiker über eine Öffentlichkeit, die sich in Ausstellungen, Filmen und Zeitungsbei-
trägen mit den Tätern der RAF beschäftigte.
Er unterstellte, dass jede Beschäftigung mit den Tätern der
RAF und ihren Handlungsmotiven implizit eine ideologische
Beschönigung bedeute.

Das ist eine bemerkenswerte Haltung für einen Historiker, der
sich doch eigentlich der Betrachtung historischer Phänomene
und Ereignisse widmen sollte, von der aufklärerischen Neugierde geleitet, ihre Entstehung und Auswirkung zu begreifen.
Wenn Forscher und Schriftsteller sich den verbrecherischen
Figuren der Geschichte nicht zuwenden dürften, weil sie damit
deren Verbrechen verharmlosten, würden wir niemals etwas
über die Wurzeln des Nationalsozialismus erfahren, wir würden uns niemals mit der Person Joseph Goebbels beschäftigen,

niemals die Geschichte der Propaganda unterschiedlichster
Gewaltregime entschlüsseln dürfen, niemals die internationale
Verwicklung in die Putsch-Geschichten Lateinamerikas be-
leuchten können, niemals die systematische Erziehung und
Ausbildung von Folterern aufdecken können.
Es hätte Joachim Fests »Hitler«-Buch nie geben dürfen, Gitta
Serenys Annäherungen an die Kindsmörderin Mary Bell wäre
demnach fragwürdig oder Jean Hatzfelds Befragungen der
Mörder aus Ruanda.
Das ist absurd.

Ich kann per se nichts Verwerfliches daran erkennen, sich mit
Verbrechen und Verbrechern, ganz gleich welcher politischen
Programmatik, ganz gleich welcher kriminellen Couleur,
historisch und publizistisch zu beschäftigen.
Ich kann nicht erkennen, worin der Schaden bestehen soll, eine
Ausstellung über die Verbrecher, der Wehrmacht zu organisie-
ren, eine Ausstellung über die Geschichte der RAF zu kuratie-
ren. Und ich kann den Vorzug nicht erkennen, in der ewig selben moralische Verurteilung der Verbrecher zu schwelgen –
sich aber der Aufklärung über die Wurzeln des Verbrechens
zu verweigern.

Es kann gute und schlechte Ausstellungen und Filme geben, es
kann intelligentere und weniger intelligente Analysen der Entstehung von verbrecherischen Regimen oder Terrorbewegun-
gen geben, es kann sympathieheischende, verklärende Erklärungen zu Verbrechen geben – aber die Auseinandersetzung
mit Tätern an sich kann nicht mit einer Legitimierung ihrer
Taten gleichgesetzt werden.

Mit der moralischen Betrachtung allein lässt sich weder die
RAF in der Geschichte der Bundesrepublik verorten, noch lässt

sich die Neigung zu Gewalt, das Fundamentalistische in der politischen Utopie so begreifen, dass wir etwas daraus lernen könnten: über das Wesen des Radikalen und über die Entstehung von Gewalt.

*

Die Geschichte der RAF und ihrer Verbrechen kann und darf nicht einfach nur privat verhandelt werden. Die Geschichte der RAF gehört nicht nur den Tätern und den Opfern, nicht nur den Repräsentanten und Ermittlern, sondern denen, in deren Namen da angeblich gehandelt wurde, die aber nie partizipieren durften in diesem Gespräch.

Gewiss: Es ist dem Rechtsstaat ein Bedürfnis, dass die Täter verurteilt werden.
Und dass die Strafe abgesessen wird.
Aber mir?
Ob sie zehn oder fünfzehn Jahre in einer Zelle eingesperrt sind?
Oder zwanzig?
Zwanzig scheinen so unangemessen wie zehn.
Die Strafe steht ohnehin in keinem Verhältnis zum Verlust.
Wie sollte sie auch.
Und ich meine damit keineswegs, dass länger unbedingt angemessener wäre.
Es scheint einfach *gar kein* Verhältnis zu geben.
Sie haben ein Leben genommen und ihres behalten.
Das wird für viele überlebende Angehörige immer unerträglich sein.
Dass die Täter das Licht im Herbst sehen, den Duft von frischem Regen riechen, dass sie alt werden dürfen – das wird für viele Angehörige immer eine qualvolle Vorstellung bleiben.

Aber ihre Zeit im Gefängnis, ihre Strafe, setzt sich in keinen
Bezug zu der Abwesenheit meines Freundes.

Ich hatte deswegen nie das Bedürfnis, die Mörder verurteilt
zu sehen, nie die Sehnsucht nach Rache.
Rache ist nur umgeleiteter Schmerz.
Eine Verschiebung der Trauer. Nicht nach innen auf einen
Mangel gerichtet, sondern nach außen auf einen Stellvertreter
für den Mangel.
Es ist nichts verächtlich an der Rache, wie Jan Philipp
Reemtsma zu Recht schreibt.
Aber Rache spendet keinen Trost.
Sie ist ein emotionaler Wettlauf auf verlorenem Posten.
Am Ende steht immer schon, immer noch der unverminderte
Schmerz.

Oft habe ich mich gefragt, wie ihr Tag da so aussieht: in ihrer
Zelle. Wie es dort riecht. Was sie für Geräusche hören. Was sie
wohl lesen können. Ob sie das Gleiche lesen wie ich. Ob es im
Sommer heiß ist hinter den Gefängniswänden. Oder kühl. Ob
es Betonwände sind. Rau oder glatt. Ob sie sie abschreiten, ihre
Zelle.
Oft habe ich mich gefragt, ob sie noch häufig an ihr Leben vor
dem Untergrund denken. Ob sie es vermissen, diese offenen
Zusammenhänge, die Leichtigkeit der Begegnungen. Oder ob
ihnen ihre eigene Kindheit, ihre Jugend, ihr Leben in der
Legalität nur noch banal und fremd erscheint. Überhaupt: ob
ihnen jedes Jahr ihres Lebens gleichermaßen vertraut ist. Oder
ob die Zeit im Klandestinen ihnen nachträglich besonders
wichtig ist. Ob sie dort, an diesem unwirklichen Ort, zu den
anderen Häftlingen eine Nähe aufbauen können. Ob sie sich
fühlen wie einer von ihnen. Oder ob sie sich anders erleben.
Ob sie Nähe zulassen können. Oder ob die Zeit im Untergrund

in diesem Zustand permanenter Verdächtigung ihnen diese
Gabe genommen hat.

Wie wohl die Zeit vergeht?

Geregelt.

Strukturiert.

Und dennoch leer.

Erleben sie die Zeit linear? Oder zirkulär? Haben sie einen
Horizont? Nicht einen äußeren. Nicht als offene Grenze der
Welt. Sondern als inneren? Als etwas, worauf sie hinleben?
Die Freilassung, gewiss. Aber auf was hin möchten sie freige-
lassen werden?

Ob sie sich die eigenen Taten wertvoll reden müssen, weil es
sonst ganz unerträglich wäre, dieses weggesperrte Leben?

Oder ob sie sich dort im Stillen, jetzt, da es zu spät ist, Zweifel
gestatten?

Zu spät ist es eigentlich nie für Zweifel.

Vielleicht ist es das, was mir am unverständlichsten bleibt.

Wie sie so *sicher* sein konnten.

So sicher sein konnten, das Richtige zu tun.

So sicher, dass sie sich eine Tat zutrauten, die irreversibel ist.

Die sich nicht korrigieren lässt.

Wie konnten sie da so sicher sein?

Ich zweifle dauernd.

Und fürchte, anderen zu schaden durch meine Irrtümer: in der
Liebe, in der Zugewandtheit zu anderen, bei der Arbeit, im
Schreiben, bei der Suche nach dem richtigen Wort, der richti-
gen Geste, der richtigen Berührung.

Es ist das, was ich immer schon das Schwerste beim Schreiben
fand: das Gefühl zu haben, mir ein Urteil erlauben zu können.
Vermutlich bin ich deswegen so langsam. Nicht nur im Schreiben. Sondern schon im Beobachten.

Fühle ich mich deswegen sicherer in meinen Urteilen?
Eigentlich nicht.

Haben der Untergrund, die Illegalität sie bewahrt vor Zweifeln?
Gab das Abtauchen einen Vorwand für die unterdrückte
Selbstkritik? Konnten sie Druck nach innen, gegeneinander,
aufbauen, aus Angst vor dem Druck von außen? Hat die Ver-
folgungssituation, unfreiwillig, die interne Einheitlichkeit ge-
schürt?
Hatten sie nicht manchmal Sehnsucht nach Dissens? Nach
Transgression? Nach Widerstand im Widerstand?
Wie normalisierend wirkte diese Normativität des Illegalen
sich aus?
Denn das muss doch allen klar sein, auch denen, die das Leben
im Untergrund mit dieser Romantik des Außenseiters überlegen: Der Modus des Illegalen schafft nur eigene Normen, eine
eigene verhärtete Rhetorik, eigene Formen der Unterdrückung
und Strukturen der Exklusion von Abweichungen von der
Norm.

Wie konnten sie das aushalten, diesen Zwang zur Konformität?
Was bedeutet das für eine Ideologie, wenn sie Dissens und
Ambivalenz nicht aushalten kann? Wenn umgehend als Verrat
denunziert wird, was hinterfragt?
Was hatten sie für einen reduktionistischen Politikbegriff, der
Kontroversen nicht integrieren konnte? Was für einen unter-
komplexen Begriff der Macht, die immer noch hierarchisch
gedacht war?
Wie konnten sie, die immerhin die strukturelle Gewalt erkannt
und kritisiert hatten, die sich gegen die strukturellen Formen
der Unterdrückung wehrten, dennoch glauben, durch das
Morden einzelner Personen könnten sie Veränderung bewir-
ken?

Wieso stimmte ihre Gewalt nicht mit ihrer Analyse der Gewalt überein?

Waren sie nicht kreativ genug für Widerstand gegen strukturelle Gewalt?

Glaubten sie wirklich, durch das Töten einzelner »Repräsentanten des militärisch-industriellen Komplexes« könnten sie dessen strukturelle Wirkungsmacht unterbrechen?

In ihrem Morden entpuppte sich ihr Machtbegriff als veraltet.

Spürten sie nicht, wie repressiv diese Ideologie wirkte, die doch gegen das Repressive agieren sollte? Wie konnten sie sich als politisch verstehen, wenn sie doch gleichzeitig kaum zu Auseinandersetzungen fähig waren?

Sie waren im Krieg, werden sie antworten.

Im anti-imperialistischen Kampf, werden sie argumentieren.

Die hiesigen Verhältnisse waren gar nicht mehr allein ausschlaggebend für sie.

Der deutsche Kontext schon lange nicht mehr der Horizont ihres politischen Denkens.

Sie wollten eine internationalisierte politische Perspektive etablieren, werden sie sagen.

Ich würde sie gerne beim Wort nehmen.

Eine internationale politische Perspektive.

Das ist ja richtig.

Eine politische Internationalisierung, die Perspektivenwechsel und dauernde Übersetzung zwischen den Kulturen und Regionen leisten muss, die Kritik an Unrecht und Gewalt – das ist mir nicht nur nah.

Daraus bestünde, wenn es mir gelänge, meine Arbeit und mein Leben.

Ihr politisches Denken wollte die Konflikte und Probleme in entlegenen Ländern integrieren, wollte die Nöte anderer zu ihren eigenen erklären.

Aber was hieß das?

Eine Stadtguerilla entwickeln, die aus den Befreiungskriegen in anderen Regionen der Welt einen eigenen Krieg in der Bundesrepublik entfacht.

Sie wollten »den Krieg, den die imperialistischen Staaten außerhalb der Zentren der Macht führten, in das Herz der Bestie« zurücktragen.

Krieg, bewaffneter Kampf, Entführung, Erpressung, Ermordung von Funktionären, Spitzenmanagern, Bankern, Bibliothekaren, Fahrern, Sicherheitsbeamten, Touristen, Piloten eines zivilen Flugzeugs, Sportlern, Auswanderern – sollte das eine internationale Solidarisierung signalisieren?

Sie wollten sich orientieren an den Konflikten »im Süden«, wie sie das oft nannten, an den Befreiungsbewegungen, und sie hierher tragen.

Aber diese Form der Internationalisierung war keine.

Sie nivellierten vielmehr alle Unterschiede, die historischen, kulturellen, ökonomischen, ideologischen Differenzen zwischen den verschiedenen Regionen und der Genesis ihrer jeweiligen Gewalt.

Krieg ist keine monolithische Erscheinung und Unterdrückung kein einheitliches Prinzip.

Es findet immer heterogene Anwendungsformen, bildet regional unterschiedliche Auswüchse und Geschwüre, lebt in diversen kulturell ausbuchstabierten Geschichten und Tropen fort.

In der Bundesrepublik zu morden und darin einen Anspruch auf Teilhabe an einem globalen anti-imperialistischen Kampf zu haben, einen Beitrag zur Beseitigung der Quelle des Übels zu leisten – glaubten sie das?

Oder war die Rede vom globalen Kampf, vom Krieg, in dem sie sich befänden, nur der rhetorische Schutzwall, den sie für und gegen die Kritik aus den eigenen Reihen aufgebaut hatten?

Denn durch diese Figur des Krieges konnte ihre gesamte Deutung der Welt, ihre Analyse der internationalen Politik, aber vor allem ihre Aufforderung zur Gewalt, gleichsam symbolisch geschlossen werden.
Sie wurde unangreifbar.
Es war unmöglich, nur einzelne Aspekte ihrer Weltanschauung, der politischen Entwürfe, der militanten Strategie infrage zu stellen.
Einmal im Krieg, war die eigene Gewalt immer nur Gegengewalt.
War die eigene Militanz immer nur Verteidigung der Schwachen.

Als ob mit dem »Eintritt in einen Krieg« jede weitere Differenzierung obsolet geworden wäre.
Als ob ein Krieg ein Gebilde sei, das alles umfasste, totalitär und grenzenlos.
Als ob mit einem Krieg gleichsam die Zeit anhielte. Jede Bewegung unweigerlich zur Niederlage führte. Jede Nachdenklichkeit, jede Überprüfung der Zustandsbeschreibung, jeder Zweifel an dem eigenen Vorgehen unweigerlich der Logik des Krieges zuwiderliefe.

Für sie schien ein Konflikt immer nur aus militärischer Gewalt zu bestehen.
Das Ringen um politische, soziale oder ästhetische Vokabularien, um sprachliche, psychologische oder kulturelle Territorien versandete in einer solchen allgegenwärtigen Kriegsbezüglichkeit.

Nicht einmal Krieg unterliegt dieser mathematischen Logik des Entweder-Oder, die sie ihm zuschreiben möchten, damit jede innere Differenzierung, jeder Dissens umgehend als Verrat, als Feindschaft, als Angriff innerhalb des Krieges denunziert werden kann.

Der Versuch, mittels der Figur des globalen Krieges ein Weltbild zu etablieren, das nur als Ganzes angezweifelt werden kann, ist so apolitisch wie verbreitet.

»Wir« gegen »sie«, die »globale Befreiung« gegen die »globale Ausbeutung«, der »Widerstand« gegen »das System«.

Noch heute wirkt diese Polarisierung nach.

Noch heute kursiert diese amorphe Verklärung der Idee *instrumenteller* Gewalt.

Was soll das eigentlich sein: »instrumentelle Gewalt«?

Gibt es das?

Den limitierten Einsatz von Gewalt, kurz, präzis, punktuell, zielgerichtet?

Eine Gewalt, die in sich abgeschlossen ist?

Gewalt ist niemals nur Instrument.

Weder die Recht setzende noch die Recht brechende Gewalt.

Weder die ursprüngliche noch die instand haltende, weder die revolutionäre noch die revisionistische.

Sie bedient sich dessen, der sich ihrer zu bedienen meint.

Sie formt und verformt, nicht nur die Opfer, sondern auch die Täter.

Anders. Aber dennoch sichtbar zieht sie ihre Spuren.

Im Subjekt wie Objekt der Gewalt.

Gewalt dauert an, verselbstständigt sich, breitet sich aus, greift um sich, raubt und verschlingt alles, was den Opfern zu eigen war, alles, was sie vorher waren, ihr Zeitempfinden, ihre Sprache, ihre Erinnerung wird überzogen, überwuchert, unterwandert, zerstört.

Gewalt kennt keine Kontrolle und kein Halten, lädt sich auf im Moment, in dem sie sich entlädt, wird durstiger, je mehr zu trinken sie bekommt, endet nicht, auch wenn sie endet, lebt fort und weiter, im Körper, der sie sich einverleibt, der sie speichert als erinnerte Bewegung, in den sie sich einschreibt.

»In den unzähligen Prozessen, die die Gewalt zu einer vielgestaltigen Erscheinung macht,« schreibt Michel Wieviorka, »lädt sie sich schnell mit Bedeutungen auf, die sie ständig umformen.«

Trotzdem ist bis heute die Kritik an der Gewalt tabuisiert. Weil sie immer noch wirkt, diese Illusion der Kontrollierbarkeit der Gewalt, der gehuldigt wird, als ob sie nicht jeden beschädigte, der mit ihr in Berührung kommt.

Die Kritik an der Gewalt ist bis heute tabuisiert, weil sie noch immer wirkt, diese binäre Struktur, in der zum Gegner gehört, wer sich auch nur partiell abweichend äußert.

Ist die Figur des Krieges erst einmal im Narrativ der sozialen Revolution eingeführt, kann umgehend als korrumpiert, als feindlich ausgeschlossen werden, wer innerhalb des Wir argumentieren, wer über Formen des Widerstands verhandeln möchte.

Darin ähneln sich die Gegner.
Rechts wie links.

Oft habe ich mich gefragt, ob ich die Täter besuchen könnte.
Im Gefängnis.
Wieder und wieder habe ich mir die Szene ausgemalt.
Wie wir voreinander säßen.
Die Hände auf einem Tisch zwischen uns.
Gibt es überhaupt Tische in so einem Besucherraum?
Ohne Glaswand.
Ob das realistisch ist, weiß ich nicht.
Ich kenne Gefängnisse vor allem im Libanon, in Afghanistan,
im Irak.
In Deutschland war ich nur einmal im Jugendgefängnis auf
Hahnöfersand und in »Santa Fu«.
Auf Hahnöfersand habe ich einen drogensüchtigen Freund
besucht, der durch die übliche Beschaffungskriminalität in
Haft geraten war.
In »Santa Fu« Peter-Jürgen Boock.
Da war ich Praktikantin beim Fernsehen, und eine Kollegin
wollte einen Film machen über das Kulturprogramm im Ge-
fängnis, das Boock, der ehemalige Terrorist, dort organisierte.
Ich durfte mit. Es war ein wunderbares Programm, das Boock
dort möglich gemacht hatte. Der Beitrag kam nicht zustande.
Ein Glück.
Denn Boock hatte uns, wie alle anderen, mit denen er damals
über seine Rolle in der RAF sprach, belogen.
Ich hatte ihm geglaubt.
Es war eine gute Geschichte, die er sich da zurechtgelegt hatte.
Vielleicht hatte er sie irgendwann selbst geglaubt.

So habe ich ihn mir jedenfalls vorgestellt, meinen Besuch im
Gefängnis.
In meiner Phantasie konnte ich uns im Profil sehen.
Alle beide.
Mit einem Tisch zwischen uns.

Und der Scham.

Gesprochen haben wir dabei kein einziges Wort.

Wie sollten sie auch reden?

Ohne sich selbst zu belasten?

Was sollten sie auch sagen?

Was sollte ich auch sagen, ohne sie umgehend zum Verstummen zu bringen?

Wie sollte es mir gelingen zu signalisieren, dass ich zuhören wollte?

Warum sollten sie mir das auch glauben?

Einer Journalistin. Einer Betroffenen.

Warum sollten sie mir vertrauen?

Grundlos.

Andererseits: Vertrauen ist immer grundlos.

Das macht seinen phänomenologischen Kern aus.

Ich habe Angst vorm Zahnarzt.

Das ist nicht ganz korrekt. Ich habe panische Angst vorm Zahnarzt.

Nicht irrational, wie ich finde, denn es gibt wirklich Anlass, Angst vorm Zahnarzt zu haben.

Aber panische Angst.

Ich kollabiere dort gern. Habe Schweißausbrüche. Und blaue Fingernägel.

Ich beisse auch gern. Reflexartig.

Alles wegen der Spritze, die mir Schmerzen bereitet.

Meine präferierte Lösung wäre eigentlich eine Vollnarkose.

Das wäre wunderbar. Ich würde freiwillig und entspannt dort hingehen.

Einmal war ich bei meinem Zahnarzt in Berlin.

Er setzte mir die erste Spritze genau auf den Nerv. Es war grauenhaft.

Er hat sich umgehend entschuldigt und wieder und wieder versichert, wie leid es ihm täte.

Ich saß, versteinert, vor ihm im Arztstuhl und kniff die Lippen zusammen.

Nie wieder würde ich den Mund aufmachen. So viel war klar.

Er schaute mich an und entschuldigte sich nochmal.

Dann erklärte er mir, dass man nicht genau wisse, wo die Nervenbahnen entlang liefen. Und dass man deswegen nicht ganz sicher sei, wohin man die Spritze setzen müsse.

Ich schaute ihn an und sagte ungläubig: »Das heißt also, dass Sie auch beim nächsten Mal nicht wirklich sicher sagen können, ob Sie mir nicht wieder so weh tun werden.«

Er nickte ruhig mit dem Kopf und sagte durch den Mundschutz hindurch: » Das stimmt.«

Im Stillen fragte ich mich, wie er das für eine wirkungsvolle Strategie halten konnte, mich zum Öffnen des Mundes zu bewegen.

Er sagte: »Sie müssen mir einfach *vertrauen.*«

Brillant.

Er hatte mir gerade eben erklärt, warum es keine Sicherheit geben könne.

Er hatte mir erklärt, dass es berechtigte Zweifel gäbe.

Dass es keine Garantie gegen Schmerzen gäbe.

Dass ich den Mund auf gut Glück wieder öffnen sollte.

Es war die genialste Beschreibung des Begriffs »Vertrauen«, die ich je gehört habe.

Vertrauen überbrückt eine Untiefe, die weder Vernunft noch Wissen ausgleichen können.

Ich musste lachen. Laut lachen.

Bereitwillig und beeindruckt machte ich den Mund auf.

Er hat nie wieder einen Nerv getroffen.

Ich habe mich gefragt, ob ich einen Antrag auf Besuch stellen sollte.

Aber was hätte ich schreiben sollen, das unsere Verbindung erklärte und sie trotzdem nicht abschreckte?

»Ist Ihnen auch so kalt? Im Eis?«

Die Besuchszeiten sind vermutlich begrenzt.

Warum sollten sie dieses knappe Gut mit jemandem wie mir teilen?

Wie oft sind sie belogen worden?

Wie oft hintergangen?

Wie viel von der Hermeneutik des Verdachts aus dem Untergrund hat sich noch erhalten?

Warum sollten sie sich öffnen?

Jemandem wie mir?

Warum sollten sie nicht denken, ich wollte sie manipulieren?

Wollte ein Geständnis?

Wollte sie nur anklagen?

Warum sollten sie mit mir sprechen?

Irgendwann, vor Jahren, ist mal ein Filmemacher gekommen. Der wollte mit mir reden. Über meinen Patenonkel. Wir sind essen gegangen. In Kreuzberg. Er wolle ein Portrait über Alfred Herrhausen machen, sagte er mir. Ihn fasziniere die Person. Ein solcher Film würde mich nicht interessieren, sagte ich ihm. Nur die Geschichte dieser einen Person. Ein biographischer Film. Daran wolle ich nicht mitwirken. Ob er denn nicht auch die politische Dimension, die Perspektive der RAF mitaufnehmen wolle, fragte ich ihn. Er verneinte. Wir sprachen einige Stunden. Später erklärte er dann plötzlich, doch, an die Geschichte der RAF habe er auch gedacht. Und noch später sagte er, dass auch eine Person der RAF portraitiert würde. Ich habe trotzdem nicht mitgemacht. Vor der Kamera wollte ich nicht auftauchen.

Später ist dann ein gleichwertiges Doppelportrait daraus geworden.

Viele der Gesprächspartner wussten das nicht.

Sie hatten im Vorfeld nicht alles erzählt bekommen. Sie hatten geglaubt, es handele sich um ein Portrait ihres Freundes, in dem vielleicht auch einige Stimmen der anderen vorkommen.

Es ist ein guter Film geworden. Er hat nicht viel mit der Person gemein, die ich kannte. Aber das macht nichts.

Dafür gab es Schnittmengen in den Kinosälen, die es sonst nirgendwo je gegeben hätte. Das war gut. Wirklich gut.

Aber die Wahrheit wäre auch schon früher zumutbar gewesen.

Warum hätten die Täter mich sehen wollen, wenn ich ihnen gesagt hätte, wer ich bin? Oder: in ihren Augen bin.

Vielleicht aus Neugierde.

Vielleicht aus Durst nach neuen Personen und Geschichten.

So viel Neues wird es in diesen weggesperrten Leben nicht geben.

Im Gespräch mit Günter Gaus jedenfalls klang Christian Klar so, als habe es überhaupt keine Veränderungen gegeben.

Er wirkte eingeschlossen. Nicht nur in dem Gefängnis.

Sondern in der Vergangenheit. In der Sprache der Vergangenheit.

In einer Sprache, die nichts mehr eröffnet.

Es war erschütternd. Was war in der Zwischenzeit geschehen? Waren die Jahre spurlos an ihm vorübergezogen?

Oder war es umgekehrt: Waren dies die Spuren der Jahre im Gefängnis?

Was hatte die Zeit angerichtet?

Was mehr sollte noch geschehen?

Wie sollte eine längere Haftzeit ihm noch irgendetwas anbieten, was bis dahin nicht eingetreten war?

Es schien, als würde die Haft einen erst zum Häftling machen, und nicht die Tat, die der Haft vorausgeht.

Als würde das Gefängnis einen Menschen nur endgültig als das markieren, für das er inhaftiert wurde.

Aber nicht diese frühere Markierung umwandeln in etwas anderes.

Und ist es nicht das, was eigentlich das Versprechen der Resozialisierung behauptet?

Er hatte um Gnade gebeten. Ein vordemokratisches Institut, das im demokratischen Rechtsstaat verbrieft ist.

Bei der Ansicht dieses Gesprächs, der Hilflosigkeit des stockenden Verstockten, schien die Not(wendigkeit) der Gnade gar nicht mehr abhängig von dieser Person.

Nicht von der Frage, ob er sie »verdient« habe.

Nicht von der Frage der Schuld.

Oder von der Barbarei der Taten, die er begangen hatte.

Die Not und die Notwendigkeit der Gnade schienen sich nur noch auf die Gefangenschaft selbst zu beziehen.

Und das Barbarische, das in dieser Bestrafung zu liegen schien.

Die Gnade, die ihm verwehrt blieb, hätte mehr über uns ausgesagt und unser Verhältnis zu einer Haft, die einen Häftling eher weiter in sich zurückdrängt, als ihn hervorholt, und auf ein Leben vorbereitet, das keinen Schaden mehr zufügen will.

Die Gnade erlöste somit eher die Gesellschaft, die sie auszusprechen fähig wäre und so ihre eigenen archaischen Neigungen überwände.

Die Gnade honorierte weder den früheren Täter, noch entschuldigte sie seine Tat.

In dem Sinne ist sie ein metaphysischer Restbestand, der sich in der Gegenwart schwertut.

Worüber also hätten wir sprechen sollen?

Die Liebe zur Musik scheinen einige von uns seltsamerweise zu teilen.

»Uns«?

Wer soll dieses »uns« sein?

Die Liebe zur Musik.

Einmal haben wir zusammen Musik gehört, Alfred Herrhausen, Traudl und ich. Still. Wir saßen auf dem Fußboden, wenn mich nicht alles täuscht. Ich zumindest. Es war ein Abend im Winter. Ihre Tochter Anna schlief schon. Erschöpft von einer mächtigen Schneeballschlacht, die wir uns vor dem Haus geliefert hatten. Ich wusste damals noch nicht so recht, was ich mit Kindern anfangen sollte. Eine Schneeballschlacht schien mir ein gutes Programm zu sein, auch wenn dieses Kind unerfreulich gut darin war.

Den ganzen Tag über waren Alfred Herrhausen und ich durch den Schnee gestapft, während die anderen Ski fuhren. Da konnte er schon nicht mehr Skilaufen mit der Hüfte. Den Abend lang hatten wir uns dann wach geredet. Merkwürdigerweise weiß ich auch noch, dass es »Flädlesuppe« zum Abendessen gab. Und jetzt wollten wir nur noch still sein und Musik hören. Schubert. Kammermusik.

Zum Abschied anderntags habe ich die Platte geschenkt bekommen. So eine richtig schwere Vinyl-Schallplatte war das. Jahrelang habe ich sie aufgehoben. Als ich schon längst keinen Plattenspieler mehr hatte. Und nur noch die CD-Sammlung umzog von Wohnung zu Wohnung. Die Platte wanderte immer noch mit. Irgendwann konnte ich sie nicht mehr sehen. Da habe ich sie weggeworfen. Einfach so. Die Erinnerung war nicht mehr abhängig von der Schallplatte. Ich habe es nicht bereut.

Es war Schuberts »Der Tod und das Mädchen«.

＊

Warum ist diese Erinnerung von Belang?
Die Liebe zur Musik bezeugt nichts weiter als das: die Liebe zur
Musik. Vielleicht bezeugt sie auch noch eine bestimmte Form
schulischer Bildung oder klassenspezifischer Privilegiertheit.
Sonst nichts. Weder Gesittung noch Gesinnung setzen sich ins
Verhältnis dazu. Wolfgang Grams liebte Musik, heißt es. Von
Alfred Herrhausen weiß ich es.
Was lässt sich daraus ablesen? Sagt uns das etwas über die Per-
son außer eben, dass sie Musik liebte? Vermutlich nicht.
Auch wenn die Liebe zu klassischer Musik wie ein Beleg von
Kultiviertheit anmutet, so wissen wir doch, dass sie niemanden
zur Besinnung zu rufen vermochte in Zeiten des braunen
Terrors, wissen, dass sie niemanden stoppte, der einmal zu
morden oder zu quälen sich entschlossen hatte.

Warum also sollte ich erzählen von Alfred Herrhausen und der
Musik?
Vielleicht um ein privates Bild von dieser Person zu zeichnen,
die eben durch öffentliche und ideologische Bilder überzeich-
net war. Vielleicht um diesen Schablonen und Verhüllungen der
wieder und wieder zitierten Fremdwahrnehmung einer Ikone,
eines Repräsentanten einige nachträgliche Risse beizubringen.
Nicht, weil die öffentlichen Funktionen und Rollen nicht
ebenfalls zu der Person gehörten, nicht, weil Alfred Herrhausen nicht auch jener Sprecher des Vorstands der Deutschen
Bank war, der die Internationalisierung des Geschäftsbereichs
betrieben hat, der die Fusion von Daimler Benz und Messerschmidt-Bölkow-Blohm unterstützt hat. Nicht, weil ein Funk-
tionsträger und Repräsentant nicht eben auch das ist: jemand,
der eine bestimmte Funktion trägt und ausführt und der ein
Unternehmen und dessen Aktivitäten repräsentiert.

Nicht, weil diese Seiten der Person geleugnet werden sollten.
Sie gehören dazu.
Aber sie sind bereits bekannt, öffentlich verwertet und ver-
wahrt im kollektiven Bildarchiv. Da ist der jungenhafte Mann
in diesem etwas zu schicken dunklen Anzug, der vor einem
halb geöffneten Safe steht.

Vielleicht um diesem öffentlichen Bild vom »Herrn des Gel-
des«, diesem »Sprecher des Vorstands« etwas hinzuzufügen.
Vielleicht auch um die Medienabhängigkeit der Ideologie der
RAF zu hinterfragen, die diesen dramaturgischen Inszenierun-
gen der »Repräsentanten« allzu repräsentativ aufgesessen sind.
Diese Vorstellung der Vorstellung einer Person.

Vielleicht auch, um ein Thema zu finden, über das sich sprechen ließe, das nicht verwirkt wäre von vornherein, gleichsam
neutrales Territorium, über die Musik.

Warum ich danach suche?
Weil ich nach Anhaltspunkten suche, nach »Fäden eines Fessel-
rests« (wie das bei Jan Skacel heißt), die herausragen aus der
Geschichte dieser Menschen, die hindeuten auf eine *andere*
Erzählung, die hinweisen darauf, dass es auch einen anderen
Verlauf hätte geben können, dass es auch Brüche in den
Biographien gab, Fäden, die nicht verwoben wurden, die wei-
terzuknüpfen ein anderes Leben ergeben hätten, eine andere
Geschichte, eine, die nicht zu mir geführt hätte, nicht zum
Mord.
»Man muss darüber nachdenken, was hätte geschehen kön-
nen«, schreibt Fritz Stern in seiner Autobiographie »Fünf
Deutschland und ein Leben«, »wenn man verstehen will, was
wirklich geschehen ist.«

*

Oft habe ich mich gefragt, wie der Tag derjenigen aussieht, die noch frei herumlaufen. Eines oder mehrerer. Ich weiß es ja nicht.

Wie frei kann man sein, wenn man weiß, dass jemand anderes für einen im Gefängnis sitzt, für einen schweigt, wenn man von den eigenen Taten weiß. Wie frei kann so ein Leben sein?

Wie häufig denken sie noch daran?

Wie tief geht der Riss dieser Erfahrung, an die sie ihr Leben nicht anknüpfen können?

Wie reden sie mit ihren Familien, ihren Geliebten, ihren Kindern?

Haben sie Kinder? Was erzählen sie denen, wer sie sind? Was erzählen sie sich selbst?

Legt sich die Lüge um sie wie eine Haut? Sind sie darunter geschützt? Oder verfolgt sie die Angst, sie könne reißen, aufgeschürft werden durch äußere Ereignisse? Schließt die Lüge sie ein wie ein schalldichter Raum, der alles dämpft? Der nicht nur verhindert, dass nach außen dringt, was innen bleiben soll, sondern auch alle Geräusche und Töne von außen abfängt? Bewegen sie sich taub-stumm durch die Welt?

»Die Lüge ist schwer belastet nicht nur durch ihre Trägheit und Ungewissheit, sondern auch durch die Einsamkeit, in die sie sich zurückzieht,« schreibt Vladimir Jankélévitch.

Merken sie das noch? Wie die Lüge diese ganz eigene Einsamkeit produziert? Wie sie sie vereinzelt lässt, selbst wenn sie mit anderen zusammen sind?

Oder ist sie ihnen ganz natürlich geworden?

Wie oft denken sie an diejenigen, die für sie im Gefängnis sitzen? Die für sie schweigen?

Haben sie ihnen mal geschrieben?
Oder konnten sie das nicht?
Wie fühlt sie sich an, diese Abhängigkeit von der Leidens-
bereitschaft der früheren Mitstreiter?
Eine weitere Schuld, die sich nicht abtragen lässt.
Sie scheinen die Schuld zu sammeln.
Erst wurden sie durch einen Mord schuldig, dann durch die
Flucht vor der Strafe, die jemand anders annimmt an ihrer
Statt.

Es ist richtig, dass der Rechtsstaat sich ausschließlich am Gesetz orientiert.
Und nicht an den Bedürfnissen der Angehörigen der Opfer.
Für die rechtsstaatlichen Antworten auf die Verbrechen
können und dürfen unsere Empfindungen keine Rolle spielen.
Da kann der Bundespräsident in guter Absicht die Angehöri-
gen aufsuchen oder die BILD-Zeitung in schlechter Absicht
ihre ekelhaften Kampagnen fahren.
Das eine bleibt so falsch wie das andere.
Über die Taten, die geklärt sind, über die Täter, die verurteilt
wurden, sollen die vorgesehenen richterlichen und psychologi-
schen Instanzen entscheiden.
Wer demnach entlassen werden kann, soll unbehelligt gehen
können.
In ein neues Leben.
Und wir sollten ihnen zugestehen, dass es das gibt: ein neues
Leben.
Und wir sollten sie zur Ruhe kommen lassen.
Und wenn das neue Leben Lehren aus dem alten zieht, wie bei
Susanne Albrecht oder bei Silke Maier-Witt, dann wäre ich
froh, wenn meine Kinder von diesen Menschen lernen dürften,
wäre froh, wenn meine Gemeinschaft von diesen Erfahrungen
profitieren könnte.

Ich habe Silke Maier-Witt einmal besucht. Im Kosovo. Da war sie schon Friedenshelferin. Ich wollte schreiben darüber, wie jemand, die ein Leben mit der Gewalt kannte, besonders geeignet sein könnte, ein Leben ohne Gewalt zu vermitteln.

Ein gemeinsamer Freund hatte den Kontakt hergestellt.

Ich wusste, dass ich ihr von meiner Vorgeschichte würde erzählen müssen. Sie hatte für ihre Wahrhaftigkeit einen hohen Preis bezahlt. Da war es unlauter, ihr nicht zuzutrauen, sie würde die meine aushalten. Ich wusste auch, sie würde diesen Bruch in der eigenen Biographie verstehen. Wenn jemand das verstehen konnte, dann sie.

Aber gleichzeitig war mein biographischer Hintergrund, die Tatsache, dass ich einen Freund verloren hatte durch einen Mord, nicht relevant für meinen Text. Sie hatte ihn ja nicht ermordet. Vielmehr war die Zeit, zu der mein Freund ermordet wurde, 1989, jene Tage im Herbst, kurz nach dem Fall der Mauer, genau die Zeit, in der Silke Maier-Witts verstecktes Leben in der DDR endgültig zu Ende ging.

Es gab keinen Grund, sie mit meinem Verlust zu konfrontieren.

Ihr vorzuwerfen, dass sie derselben Gruppe angehört hatte, die später meinen Freund ermordet hatte.

Damit hatte sie nichts zu tun.

Und so gab es denn auch keinen einzigen Moment in diesen Tagen, die wir im Kosovo verbrachten, an dem sich eine ehemalige Terroristin und eine Angehörige gegenüber saßen.

Auch als ich ihr von Alfred Herrhausen erzählte, spielte es keine Rolle.

Wir waren Menschen, die eine eigene Geschichte, ein eigenes Leben hatten.

Und darüber konnten wir sprechen.

Die Asymmetrie allerdings bestand darin, dass ihres zu einer öffentlichen Geschichte geworden war. Ein Leben, das jeder glaubte, beurteilen zu dürfen.

Meines war nicht nur privat, sondern meines war und ist eines, das aus Schreiben besteht.

Ihres eines, über das geschrieben wird.

Für sie war ich vermutlich nur wieder jemand, die kam und diese Fragen stellte.

Sie war zurückhaltend, ein wenig scheu, aber gleichzeitig offen und transparent, wie es nur jemand sein kann, die sich rücksichtslos selbstkritisch betrachtet hatte.

Ich habe Silke Maier-Witt früher nicht gekannt.

In ihrem anderen Leben. In ihren vielen verschiedenen Leben.

In der RAF. Dann in der DDR. In den verschiedenen Identitäten und Leben, die ihr die Staatssicherheit zugedacht hatte.

Im Gefängnis.

Ich weiß nicht, wie und wer sie damals war.

Aber die Silke Maier-Witt, die ich kennengelernt habe, schien durch alle Häutungen hindurchgegangen zu sein. Und sie konnte sie alle noch miteinander in Verbindung bringen, die verschiedenen Schichten ihres Lebens. Sie konnte kritisch mit sich selbst sein, ohne sich zu verleugnen. Sie musste nichts auslassen. Nichts verschweigen.

Sie arbeitete, hart gegen sich selbst, einfühlsam mit anderen, in einem fremden Land, als wäre es ihr eigenes.

Dort, wo sich niemand darum schert, wer sie früher einmal war.

Wo ihr Name niemandem namhaft erscheint.

Wo ihre persönliche Geschichte kein Teil der nationalen Geschichte ist.

Ich habe selten jemanden derart Eindrucksvolles erlebt.

Ich würde mir wünschen, sie würde nach Hause kommen können und hier ebenso empfangen werden.

Manchmal habe ich mir gewünscht, *sie* hätte meinen Freund ermordet.
Sie wäre an dem Mord beteiligt gewesen.
Nicht, weil ich ihr diese Tat zuschreiben möchte.
Sondern weil sie den Mut gehabt hätte zu sprechen.

*

Ist das ein absurder Gedanke?
Ist das ein Hinweis darauf, dass ich mir wünschte, ich »verstünde« die Täter?
Wünscht man sich das?
Inwiefern wäre es hilfreicher?
Ist das eine perverse Logik? Ein transformiertes Stockholm-Syndrom?
Oder ist das der typische Versuch des Verstandes, moralisch Unverständliches zu rationalisieren.
Es gelingt nicht.
Alle Überlegungen greifen immer ein Stück zu kurz.
Es ist wie mit der Bettdecke, die nicht den ganzen Körper abdeckt, und man zieht und zerrt und rupft, an allen Enden und Ecken, und man krümmt sich darunter, zieht die Beine an und die Schultern ein, aber die Decke bleibt zu kurz, und wie man sich wendet und dreht: Man friert doch.
Was immer die Motive für eine solche Tat sein mögen, wie immer die Beweggründe, wie immer nachvollziehbar die Quellen des Zorns oder der Verzweiflung im Vorfeld einer terroristischen Tat sein mögen – der letzte Schritt bleibt in einer rationalen Untiefe, der wir uns nicht nähern können.

»Ne pas chercher à comprendre«- nicht versuchen, es zu begreifen – hatte jemand mal dem Neuankömmling Primo Levi
im Lager gesagt.
Man kann wahnsinnig daran werden, nach einer Logik zu
suchen, wo nur Gewalt herrscht.
Vielleicht wünsche ich mir einfach, dass die Mörder mutiger
wären.
Eben weil sie sich dann zu sprechen trauten.

*

Es schafft einen ganz eigenen Raum um sich herum, dieses
Schweigen, in den werden wir eingeschlossen: Täter und Opfer
zugleich.
Die Stille verfestigt sich wie eine Eisschicht.
Darin eingefroren, vergeht die Zeit ohne uns.

Der Prozess der Historisierung, des Schreibens und Nachden-
kens über die RAF als abgeschlossene Phase der Geschichte hat
längst begonnen, aber für die Opfer und die Täter der ungeklärten Fälle, für die Familien von Braunmühl, Beckurts, Zimmermann, Rohwedder und Herrhausen sind die Taten noch
nicht Geschichte geworden.
Wir können noch nicht in die Nachbereitung übergehen. Können keiner Analyse wirklich zustimmen, oder sie ablehnen.
Dazu fehlt die nötige Distanz.
Dazu fehlt auch das Wissen.
Die ungeklärten Taten verhindern die abgeklärte Betrachtung.
Und so brechen sie immer noch ein und auf und verstören.
Eine Gesellschaft, die diese historische Epoche begreifen
möchte, ohne über Jahrzehnte von ihr aufgewühlt zu werden,
sollte sich überlegen, ob es vielleicht noch andere Instrumente
geben könnte, jenseits der Strafe und der mehr oder minder

willkürlich erteilten Gnade, mit den ungeklärten Verbrechen so umzugehen, dass wir sie wirklich *überleben.*

Von der Bundesanwaltschaft wird keine Aufklärung zu erwarten sein.
Unter der Prämisse der Strafverfolgung wird die Wahrheit nicht gehoben werden.
Schlimmer noch: Die Logik der Strafe der Bundesanwaltschaft fördert nur die Logik des angeblichen »Verrats« der Täter.
Es ist ein Zirkel, aus dem keiner allein entkommen kann.
Die Häftlinge können weiter in der Lüge verharren unter dem Vorwand, andere zu beschützen. So können sie sich selbst noch als ethische Haltung vorgaukeln, was vermutlich nurmehr Müdigkeit ist oder Angst vor dem Urteil der eigenen Gruppe.
Die Bundesanwaltschaft kann weiter in der Untätigkeit verharren mit dem Vorwand, das Gesetz zu schützen. So können sie sich selbst als rechtsstaatliche Haltung vorgaukeln, was vermutlich nurmehr Inkompetenz ist oder Angst vor der Dynamik eines wirklich *politischen* Prozesses.

Dabei ist es ein gesellschaftlicher Dialog, der in Gang kommen müsste, um die Wahrheit herauszufinden. Ein Gespräch, das mehr ist als die ritualisierte, starre Konfrontation von Parteien und Institutionen, fixiert aufeinander, als fürchteten sie nichts mehr, als dass die Gegenseite plötzlich zu denken beginnen könnte. So bleiben alle ineinander verkeilt zwischen Lüge und Zorn.

Ohne die Wahrheit werden wir uns nicht lösen können.
Nicht von dieser Geschichte und nicht voneinander.
Deswegen sollen die Täter und ihre Mitwisser sprechen.
Sie müssen von den unaufgeklärten Fällen sprechen, die Autorenschaft zuordnen und den Hergang schildern. Sie müssten

ent- und belasten, sich selbst und andere. Sie müssten die Puzzleteile, die losen, zusammenfügen und die Geschichte denen zurückgeben, die sie geschrieben haben, und denen, die sie erlitten haben: uns.

Die Täter sollen sprechen können – ohne dafür erneut angeklagt zu werden.

Wenn es dazu eines »Forums der Aufklärung« bedürfte, dann sollten wir es einrichten.
Die Vorgabe dabei lautet: Amnestie für ein Ende des Schweigens.
Freiheit für Aufklärung.
Die Täter werden aufgefordert, aus ihren Verstecken, aus ihrer Stille hervorzutreten und sich zu stellen. Keiner Anklage. Keiner Haftstrafe. Sondern ihrer eigenen Geschichte. Sie werden eingeladen, aus dem Schatten ihrer Taten zu treten und sie preiszugeben, sie denen zu geben, denen sie auch gehören. Den Opfern.

Dafür braucht es ein öffentliches Forum, einen Ort jenseits des Strafrechts, an dem diese Geschichte der Bundesrepublik, die Geschichten der Täter und der Opfer, erzählt werden können.
Das muss kein stabiler Ort sein, keine dauerhafte Institution. Sondern nur ein zeitlich begrenztes Forum, das einen geschützten, aber diskursiven Rahmen stellt, den die Täter nutzen können, wenn sie aus ihrer Vergangenheit treten wollen.
In der Rechtsphilosophie werden solche Instrumente als Motoren der »*transitional justice*« bezeichnet.
Als eine Möglichkeit, den Opfern von Verbrechen und Vergehen einer früheren Zeit eine unvollkommene Form der Gerechtigkeit widerfahren zu lassen.

Selbst wenn die juristische Bearbeitung dieser Verbrechen
nicht gelingen kann.
Mehr noch: Eben weil bestimmte Vergehen nicht geahndet
werden können, sucht eine Gesellschaft nach einem politischen Format, diese nicht einfach zu verdrängen oder zu
vergessen, sondern in einem öffentlichen Prozess darüber zu
sprechen.

Ein solcher Vorschlag lädt ein zu Einwänden und Kritik.
Warum sollte der Staat auf seinen Anspruch auf Strafe verzichten?
Stellt er sich damit nicht auf eine Stufe mit jenen Ländern, die
eine Phase der Rechtsunsicherheit zu überwinden hatten?
Jeder Vergleich kann umgehend entkräftet werden.
Die Bundesrepublik befindet sich nicht in einem gesellschaftlichen Umbruch. Sie ist nicht vergleichbar mit Ländern, die ein
verbrecherisches Regime, eine Diktatur, eine Politik der Apartheid zu verarbeiten haben. Hier geht es um die Auseinandersetzung mit einer nicht mehr aktiven, terroristischen Vereinigung. Die Bundesrepublik verfügt über eine überzeugende
Verfassungsgerichtsbarkeit und rechtsstaatliche Organe.
Warum sollten neben den Tätern auch die anderen Beteiligten
sprechen?
Wäre das nicht eine allgemeine Nivellierung? Eine moralische
Unmöglichkeit? Eine rechtliche Kapitulation?

Warum sollte so ein diskursives Forum, das Freiheit gegen Aufklärung anbietet, dennoch angebracht sein? Welchen Zweck
sollte es erfüllen, den nicht die anderen Einrichtungen des
Rechtsstaats leisten können?

*Ein Forum »Freiheit für Aufklärung« eröffnet sprachliche
Räume.*

Es stellt eine Plattform dar, auf der Menschen sprechen, die ansonsten stumm blieben.

Dadurch entsteht zunächst noch kein Dialog.

Dadurch entsteht auch keine Versöhnung.

Ein solches Format stiftet nur den Rahmen, in dem Einzelne vortreten können, verschollene Geschichten zu erzählen.

Solche, die mit Scham besetzt sind, solche, die mit Schuld belegt sind.

Die vergraben wurden.

Deren Spuren verwischt wurden.

Geschichten, an die sich keiner gern erinnert: die Täter nicht, die Fahnder nicht und auch die Opfer nicht.

Die einen mögen sich daran nicht erinnern, weil sie nicht mehr begreifen können, wer sie waren oder wie das, was früher gut und richtig erschien, auf einmal schlecht und falsch sein soll.

Die anderen mögen sich nicht daran erinnern, weil sie nicht begreifen, wie ihnen das angetan werden konnte, wie sie weiterleben konnten nach dieser Erfahrung.

Ein diskursives Forum eröffnet sprachliche Räume für die, die zusammenleben müssen und die es nicht können, weil das Wissen und das Nicht-Wissen über diese Verbrechen der Vergangenheit sie gleichermaßen hindert.

Für die Opfer und die Angehörigen der Opfer besteht eine weitere Versehrung in diesem Leugnen der Taten.

Es ist, als ob nicht geschehen wäre, was geschehen ist, weil es nicht bestätigt werden kann. Weil es niemandem zugeordnet werden kann. Weil es in seiner Entstehung nicht nachgezeichnet werden kann.

Alle öffentliche Anklage, alles laute Geschrei übertönt doch nur ungenügend die Unmöglichkeit der Opfer zu wahrer Klage.

Betrauern, endgültig betrauen lässt sich nur, was wir wissen.

Wir müssen aufhören anzuklagen, um endlich klagen zu können.

Wir brauchen einen geschützten Rahmen, in dem das möglich wäre.
In dem unsere Phantasie das bekommt, was sie braucht, um sich zu beruhigen.
Vielleicht werden nicht alle Fragen beantwortet werden.
Vielleicht werden die Worte nicht ausreichen.
Damit müssen wir rechnen.
Ein solches Forum ist nichts Endgültiges.
Es ist nur ein vorläufiges Angebot.
Der amerikanische Dichter Wallace Stevens hat einmal gesagt:
»Metaphors are for transport. Not to live in.«
Das gilt für solche Foren auch: Wir bewegen uns mit ihnen fort.
Aber wir können in ihnen nicht leben.
Sie bieten keine Versöhnung an. Keine Heilung. Keine Gerechtigkeit.

Ein Forum »Freiheit für Aufklärung« dient der Selbstverständigung.

Denn in diesen öffentlichen Debatten werden auch Werte und Sehnsüchte verhandelt.
Unsere Werte und Sehnsüchte sind mehr als das, was überliefert wurde.
Mehr als das, was geschrieben steht.
Sie bestimmen und erklären, wer wir sind.
Und dieses Wir ist ein dynamisches.
Es ist offen. Beweglich.
Weil es erschüttert wird. Berührt wird. Sich dehnt oder zusammenzieht.
Weil wir mehr werden. Anders.
Und darüber müssen wir uns immer wieder neu verständigen.

Müssen neu herausfiltern, wer wir geworden sind.
Und warum.
Wer wir sind, entscheidet sich daran, wer wir sein wollen.
Wie wir sein wollen, wie wir leben wollen, aus welchen Quellen
wir unsere Überzeugungen ziehen, auf welchen Horizont hin
wir uns ausrichten wollen, welche Bilder von uns selbst uns
dabei vorschweben.
Wer wir sein wollen, zeigt sich auch und gerade darin, wie wir
diejenigen behandeln, die nicht dazugehören wollen oder können. Wer wir sein wollen, zeigt sich auch darin, wie wir umgehen mit denen, die uns ins Frage stellen.
Erst durch jene, die uns anzweifeln, können wir herausfinden,
wie sicher wir uns unserer selbst eigentlich sind. Nicht, in dem
wir uns versteifen und verhärten. Sondern indem wir uns
wirklich hinterfragen lassen, in dem wir uns selbst der Kritik
unterziehen, indem wir uns verständigen über unsere Werte
und Sehnsüchte, indem wir ihre Entstehung nachzeichnen,
indem wir fragen, ob wir ihnen eigentlich gerecht werden.

Und so müssen wir es beständig überprüfen, dieses Bild von
uns selbst.
Weil wir von anderen herausgefordert werden, uns zu erklären.
Uns zu verändern.
Weil wir Erfahrungen machen, die uns verändern.

Der Deutsche Herbst der siebziger Jahre, der erst mit der Auflösungserklärung der RAF im Jahr 1998 endete, gehört dazu.

Wie diese Zeit uns geprägt und verändert hat, mag kaum jemand zugeben.

Warum eigentlich nicht?
Damit siegt doch niemand.

Damit verliert doch niemand.

Wenn wir zugeben, dass die Spirale der Gewalt, der rechtsbrechenden und der rechtssetzenden, dass der illegale Angriff, der sich als legitim behauptete, und die legale Reaktion, die nicht immer legitim war, uns beeinflusst hat.

Wie diese Zeit uns noch umtreibt, lässt sich an den regelmäßig aufbrechenden Widersprüchen ablesen:

Zum Beispiel die Vehemenz, mit der die Täter zu der Spezies der ganz gemeinen Kriminellen zugeordnet werden, ist dieselbe Vehemenz, mit der ihre gewöhnliche Behandlung als Kriminelle, deren Haftzeit abgelaufen ist, bestritten wird.

Solange sie verurteilt werden, sollen sie normale Kriminelle sein, aber sobald sie entlassen werden, sollen sie ganz und gar keine normalen Kriminellen sein.

W.G. Sebald schreibt in »Austerlitz«:

»Ashman erwiderte darauf, er selber habe 1941, bei der Requirierung des Hauses, die Türe zu dem Billardzimmer wie auch die zu den Kinderstuben im obersten Stock durch das Einziehen einer falschen Wand verborgen, und als man diese Paravents, vor die man große Kleiderkästen geschoben hätte, im Herbst 1951 oder 1952 entfernte und er zum erstenmal seit zehn Jahren das Kinderzimmer wieder betrat, sagte Ashman, hätte nicht viel gefehlt, und er wäre um seinen Verstand gekommen. Beim bloßen Anblick des Eisenbahnzugs mit den Waggons der Great Western Railway und der Arche, aus der paarweise die braven, aus der Flut geretteten Tiere herausschauten, sei es ihm gewesen, als öffne sich vor ihm der Abgrund der Zeit, und wie er mit dem Finger die lange Reihe der Kerben entlanggefahren sei, die er im Alter von acht Jahren am Vorabend seiner Verschickung in die Preparatory School in stummer Wut, erinnerte sich Ashman, in den Rand des Bei-

stelltischchens neben seiner Bettstatt geschnitzt hatte, da sei
eben dieselbe Wut wieder in ihm aufgestiegen, und ehe er auch
nur wusste, was er tat, habe er draußen auf dem hinteren Hof
gestanden und mehrmals mit seiner Flinte auf das Uhrtürm-
chen der Remise geschossen, an dessen Zifferblatt man die Ein-
schläge heute noch sehen könne.« (160f.)

Die Wiederentdeckung des versteckten Zimmers der Kindheit,
das plötzlich geöffnet wird, die Rückkehr an den verborgenen
Ort des vergangenen Leidens, der Blick auf die Spuren der
Ohnmacht, mit der das achtjährige Kind seinen Zorn in den
Nachttisch geritzt hatte, entzündet eben dasselbe Gefühl der
verzweifelten Wut erneut. Die zurückgelegte Zeit erlischt in
diesem Moment, die geschichtete Erfahrung zerrinnt. Als ob
ein Druckausgleich stattfände, saugt der geöffnete Raum der
Vergangenheit alle Gegenwart in sich hinein – und die frühere
Emotion entlädt sich jetzt, da ihr kein Anlass, kein Grund
mehr gegeben ist.

So besichtigen wir auch heute manchmal die verschlossenen
Räume des Deutschen Herbstes. Und der Blick auf die Objekte
oder Subjekte dieser Zeit zieht uns zurück und hinab in die
früheren Untiefen. Es bricht dann ungezügelt aus, was gar
keinen Auslöser mehr im Heute hat. Wir sehen die Bilder der
Gesichter in den Medien und erinnern uns unwillkürlich an
die alten Fahndungsplakate, die Kerben der Vergangenheit –
und sind ihnen ausgeliefert.
Diese Wehrlosigkeit der Vergangenheit gegenüber steigert den
Zorn nur.
Auf die früheren Gegner und auf uns selbst.

Wir wollen Normalität im Umgang mit der RAF suggerieren,
wollen das übliche Operieren des Rechtsstaats konstatieren,

wir wollen Unaufgeregtheit demonstrieren, wollen das vorge-
schriebene Maß an strafrechtlicher Reaktion absolvieren –
aber wenn dieser Rechtsstaat ein Ende der Haftstrafe, der
Sühne, der Gefährdung gekommen sieht, dann reagieren wir
mit einer solch aufgeregten Wucht, die jede Behauptung von
Normalität unterwandert.

Warum können wir darüber nicht sprechen? Warum stellt sich
immer noch keine Normalität her? Warum fühlen wir uns immer noch so bedroht, auch wenn die Bedrohung offensichtlich
vorbei ist?

Es bleibt etwas Ungeklärtes am Grund der Erfahrung der Blei-
ernen Zeit.
Sie hat uns anscheinend mehr herausgefordert, als wir zugeben
möchten.

Was ist das an dieser Gruppe, das uns immer schon und immer
noch so aufrauht?
Warum wird die Haltung gegenüber der RAF und ihren Morden zum gesellschaftlichen Scheitelpunkt, der spaltet und
trennt, auch Jahrzehnte später?
Warum gelingt sie noch immer, diese inszenierte Hysterie, die
Skandalisierung, die jedes kritische Nachdenken, jedes ver-
nünftige Gespräch verhindert?

Ich erinnere mich genau, wie ich als Kind eines Morgens zur
Schule ging und auf dem Bürgersteig, an der Bushaltestelle,
jemand mit einer BILD-Zeitung stand. Er hielt sie aufgeschla-
gen, im Stehen, und las etwas im Inneren, sodass ich die Über-
schrift auf der ersten Seite lesen konnte: »Ulrike Meinhof ist
tot«.
Ich erinnere den exakten Wortlaut nicht. Ich erinnere auch

nicht, ob ein Bild der Toten, geschmackvoll wie für dieses Blatt üblich, daneben gesetzt war.

Ich glaube, ich konnte im Vorbeigehen noch lesen, dass sie sich erhängt hatte.

Aber vielleicht bilde ich mir das aus dem nachträglichen Wissen heraus auch nur ein.

Heute schieben sich natürlich umgehend spätere Assoziationen über dieses frühe optische Erinnerungsbruchstück: jene Schwarz-weiss-Aufnahmen, die Vorlagen für Gerhard Richters Gemälde wurden. Für die wunderbaren, unscharfen Bilder, die ich dann Jahrzehnte später in New York im MoMa sehen konnte, eingekeilt zwischen freundlich-ignoranten Museumsbesuchern, die die Technik der Malerei würdigten und nichts von der Geschichte und Bedeutung der verwischt-verzerrten Gestalten wussten.

Hatte die BILD-Zeitung schon eines der Polizeifotos?

War es das, was ich morgens im Vorbeigehen sah?

Ich war damals knapp neun Jahre alt.

Ich kann nicht viel über Ulrike Meinhof gewusst haben.

Aber wer von den Erwachsenen konnte das schon von sich behaupten?

Wer hatte schon viel über Ulrike Meinhof gewusst?

Ich wusste nichts von ihrem Lob für die Attentäter bei den Olympischen Spielen in München.

Wusste nichts von ihrem Interview mit Michèle Ray mit dem Satz: »Der Typ in Uniform ist ein Schwein, kein Mensch« und dem berühmteren »Und natürlich kann geschossen werden«.

Und trotzdem war es ein ganz eindeutiges Gefühl, das mich den Rest des Schulwegs begleitete.

Ich erinnere mich, wie es mir *leid* tat, wie mir dieser einsame Tod im Gefängnis leid tat.

Ein Jahr später waren es dann die Bilder der Schleyer-Entführung, die Abend für Abend das Wohnzimmer und die Gespräche meiner Eltern füllten.

Kurioserweise gab es nur zwei Fernsehsessel bei uns zuhause.

Wer mitschauen wollte, musste auf dem Fußboden liegen.

Quer zu den Füßen meiner Eltern gab es eine besondere Perspektive:

So lag man direkt auf Augenhöhe mit dem tief stehenden Fernsehgerät und dem immer erschöpfteren Blick von Hanns Martin Schleyer. Ein Blick der Klage, nicht der Anklage. Habe ich das damals schon gespürt?

Ich weiß genau, wie diese Schwere sich auf alles legte.

Wie sich niemand dem Schrecken unter dem fünfzackigen Stern entziehen konnte.

Wie sich die Position Schleyers auf den Bildern ein wenig an den Rand verschob. Heraus aus dem Keil unter den beiden unteren Ecken des Sterns. Hin zu der rechten Spitze.

Das erschien mir damals bemerkenswerter als das Jackett, das er anfangs noch trug.

Und der geöffnete Hemdkragen.

Ich weiß noch genau, wie alle auf diese handgeschriebenen Botschaften auf dem Schild starrten, auf dem die Tage der Geiselhaft gezählt wurden, als könnte man sie nicht ablesen im Gesicht des Opfers, als müsste noch symbolisch dem letzten Unverständigen erläutert werden, dass seine Tage gezählt waren.

Ich wusste damals nichts von Hanns Martin Schleyer.

Nichts von seiner Zeit in der schlagenden Verbindung, nichts von der kontroversen Frage seiner Mitgliedschaft in der SS, nichts von seiner Position als Arbeitgeberpräsident.

Ich wusste nur, dass er gequält wurde.

Und ich wusste, dass wir es mit ansahen.

Musste ich wirklich mehr wissen als das?

Nachträglich erscheint es mir bemerkenswert, dass die Täter
glauben konnten, mit dieser medialen Demonstration der
Demütigung eines Menschen Sympathien zu gewinnen.
Während sie den kauernden, erschöpften Mann ins Bild setzen
und Texte lesen ließen, sah und hörte man vor allem das, was
nicht sichtbar war: was für Menschen diejenigen waren, die
unsichtbar die Kamera bedienten, die ihr Opfer so inszenierten, um Schrecken zu verbreiten.

Ich vermute, es gibt ungefähr drei Generationen, die alle im
Bann dieser Bilder des Herbstes 1977 standen.
Es gibt heterogene Erfahrungen, andere Identifikationen und
Betroffenheiten in den verschiedenen Altersgruppen. Einige
wenige Jahre Altersunterschied konnten schon andere Bezüge
bedeuten, ebenso wie regionale Zugehörigkeit erstaunliche
Nähe ausmachen konnte. Auch innerhalb jeder Generation
bleiben natürlich ganz unterschiedliche Motive für Nähe oder
Distanz, es sind immer auch individuelle Erfahrungsschichten
gewesen, die einzelne Personen sich selbst gegenüber der RAF
positionieren ließen.

Die älteste Generation, deren Repräsentanten im Deutschen
Herbst auch im Krisenstab tagten, hatte noch den Krieg erlebt.
Da saßen einige ehemalige Soldaten beisammen und berieten.
Helmut Schmidt, Werner Maihofer, Friedrich Zimmermann.
Manchmal habe ich mich gefragt, wie ein Krisenstab reagiert
hätte, dem die dezisionistische Logik der Terroristen gänzlich
fremd und abartig erschienen wäre.
Diese Männer fühlten sich als Adressaten der Botschaften und
Taten der RAF. Sie fühlten sich gemeint als die Generation, die
Lehren aus der Zeit des Nationalsozialismus hatte ziehen sollen,
die eine neue Bundesrepublik hatte formen sollen, die einen
sichtbaren Bruch mit der Vergangenheit hatte vollziehen sollen.

Sie fühlten sich angegriffen durch die RAF.
Und sie waren es auch.

Die nächste Generation der Gleichaltrigen zu den Mitgliedern
der ersten und zweiten Generation der RAF bilden die ehe-
maligen Kommilitonen, Kollegen aus der Medienbranche,
Anwälte, Schriftsteller, die eigentliche 68er Generation.
Viele kannten noch Ulrike Meinhof aus journalistischen Zei-
ten, Gudrun Ensslin aus Studentenkreisen.
Sie waren Zeugen derselben historischen Ereignisse geworden,
die jene radikalisiert hatten.
Der Tod Benno Ohnesorgs. Der Anschlag auf Rudi Dutschke.
Die Gegenwart des Vietnam-Kriegs – die »Trigger«, wie das
später heißen sollte, als Erklärung für die Gewaltbereitschaft.
Die Angehörigen dieser Generation waren oftmals Kinder oder
Studenten derselben nationalsozialistischen Mitläufer, die sie
ablehnten wie die RAFler auch – aber sie taten nichts.
So empfanden es wenigstens viele.
Sie blieben in der Legalität. Sie gingen nicht in den Unter-
grund. Sie behielten ihr Leben, ihren Alltag, ihre Familien.
Sie scheuten diesen letzten Schritt, den ihre früheren Kommili-
tonen, Freunde, Kollegen gingen.

Und einige in dieser Generation scheinen sich gefragt zu
haben, ob sie feige waren.
Spießig. Bürgerlich. Bequem.
Das damals wohl übliche Gedankenspiel:
»Was würde ich tun, wenn Ulrike Meinhof abends vor meiner
Wohnung stünde und bei mir übernachten wollte?«, war mehr
als eine nur halb peinlich berührte, halb prahlerische Über-
legung.
Würden sie sie hereinlassen? Ihr ein Bett anbieten? Sie will-
kommen heißen?

Oder würden sie sie abweisen? Die Polizei benachrichtigen? Sie ausliefern?

Warum fragten sie sich das?

Was bedeutete die Diskussion um dieses unwahrscheinliche Szenario?

Warum beschäftigte diese Frage auch Personen, die Ulrike Meinhof nie gekannt hatten? Wo sie also auch niemals nachts würde auftauchen und um Einlass bitten können?

Ulrike Meinhof war gerade mal zwei Jahre auf der Flucht, wenn mich nicht alles täuscht: Zwischen der Baader-Befreiung 1970 und ihrer Verhaftung 1972 war nicht viel Zeit.

Und doch haben diese 24 Monate offensichtlich vielen eine Frage nahelegt, die ihnen als moralischer Lackmus-Test erschien.

Im Leben und Sterben von Ulrike Meinhof hielten sich zahlreiche Zeitgenossen einen Spiegel vor, der sie und ihre Überzeugungen reflektierte.

In Ulrike Meinhof prüfte sich eine Generation.

Nicht den Inhalt der Überzeugungen.

Denn darin waren sich auch die »Untätigen« sicher.

Aber den Rigorismus, mit dem diese Überzeugungen auch zu leben waren.

Der Konsequenz, mit der diese umzusetzen seien.

Wieso geriet eine Generation überhaupt in Gewissenskonflikte angesichts des Lebens und Mordens einer Terroristin?

Wieso forderte die Haltung Ulrike Meinhofs überhaupt moralische Positionierungen?

Wieso stiftete sie derart große ethische und politische Verwirrung?

Weil die selbstkritische Perspektive auf die deutsche Geschichte des Nationalsozialismus eben *zu Recht* individuelle und kollektive Feigheit als eine der Wurzeln der moralischen Katastrophe der Shoah ausgemacht hatte.

Aus Gleichgültigkeit und Feigheit waren die Verbrechen und Vergehen der braunen Massen nicht verhindert worden, hatten Mitläufer die Überzeugten bereitwillig gestützt.

Jede kritische Betrachtung des Versagens einer ganzen Gesellschaft im Dritten Reich musste die mangelnde Bereitschaft zu abweichenden politischen Ansichten, zu dissidenten Haltungen, zu Widerstand beinhalten.
Und so befragten sich die Nachgeborenen zu Recht, was die politische Situation, was das Unrecht von ihnen *verlangte*. Wozu sie aufgefordert waren.

Diese enge Kopplung des Leids oder Unrechts in der Welt an die *individuelle* Verantwortlichkeit hatte (und hat) nach Auschwitz eine spezifische historische Intensität.
Als unmoralisch galt nicht mehr einfach nur ein Vergehen, sondern als unmoralisch galt auch, es nicht verhindert zu haben.
Das war der Vorwurf an die eigenen Eltern, Lehrer, Professoren, Richter, die ihren Status, ihre Arbeit, ihre Leben in die neue Republik gerettet hatten, als ob es die früheren faschistischen Überzeugungen nie gegeben hätte.

Und das war der prüfende Vorwurf der nachfolgenden Generation an sich selbst.
Wurden sie Zeugen von struktureller Gewalt und Unrecht, von gesellschaftlicher Verrohung und Verbrechen, die ihren Widerstand forderten?
Taten sie genug, um Krieg und Unterdrückung zu verhindern? Was hinderte sie daran, mehr zu tun?

Und insofern *war* Ulrike Meinhof eine moralische Herausforderung.

Und *in dieser Hinsicht*, der Bezugnahme auf die Shoah, war und blieb sie auch mir nah.

Daran hat auch der 30. November 1989 nichts geändert.

Für die Zeitgenossen der ersten Generation, der eigentlichen Baader-Meinhof-Gruppe, waren dies die quälenden Fragen, die sie umtrieben.

Deswegen forderte Ulrike Meinhof sie so heraus.

Selbst diejenigen, die die Brutalisierung in Rhetorik und Aktionen ablehnten, selbst diejenigen, die den Weg in die Gewalt verurteilten, fühlten sich moralisch bedrängt.

Selbst diejenigen, die niemals ein instrumentelles Verhältnis zu anderen Menschen akzeptierten, die jedes Subjekt als Zweck in sich verstanden, die Gewalt gegen Personen niemals rechtfertigen wollten, gerieten in *einer* Hinsicht doch in Zweifel.

Sie fragten sich, ob sie möglicherweise in ihrer Analyse der bestehenden Verhältnisse Recht hätte?

Ob die Diagnose der strukturellen Gewalt im Inland und der Kriegsverbrechen im Ausland möglicherweise zutreffend war?

Und wenn sie zutreffend wäre, was wäre dann geboten?

Insofern *war* die Frage der Dissidenz eine ethische.

Aber davor lag und liegt immer eine Interpretation der politischen Verhältnisse.

Es blieb eine Frage der Urteilskraft, Unterschiede zu erkennen, die sozialen, politischen und rechtlichen Instanzen zu erkennen, die eine Demokratie ausmachten, bei allen Unvollkommenheiten und Widersprüchen, bei allen psychischen und personellen Restbeständen des Vergangenen. Und damit zu einem komplexeren Bild der Wirklichkeit zu gelangen, das eben mehr Brüche, mehr Ambivalenzen, aber auch mehr Möglichkeiten

und Freiheiten enthielt, als es dem totalitären, von Widersprüchen bereinigten Bild der Wirklichkeit der RAF entsprach.
Nur so ließen sich dann auch die eigentlich politischen Fragen,
die in der allgegenwärtigen Propaganda der Tat verschüttet
waren, wieder freilegen. Nur so ließe sich auf die strukturelle
Gewalt, die durch institutionelle und rechtliche Repression
zu spüren war, mit strukturellen, politischen Reaktionen antworten.

*

»Nur so ließen sich dann auch die eigentlich politischen
Fragen, die in der allgegenwärtigen Propaganda der Tat verschüttet waren, wieder freilegen«, darf man das sagen?
Darf dieser Satz da stehen? Gibt es etwas, das sich zu retten
lohnt, obgleich es von *jenen* gedacht oder gewollt wurde? Jenen
Verbrechern? Darf das gedacht werden? Klingt das nicht be-
denklich nach einer Beschönigung der Verfehlungen? Geht das
überhaupt: eine Unterscheidung zwischen Absicht und Ergebnis? Zwischen Anfang und Ende einer Geschichte? Zwischen
Individuen und Kollektiv? Verwischt das nicht die moralischen
Grenzen? Ist das nicht eine Verklärung der grauenhaften Verbrechen, die im Namen dieser angeblichen politischen Vision
begangen wurden?

Wer über die RAF schreibt, schreibt auch immer mit und ge-
gen die eigene innere Zensur an. Immer unterwandert die
Angst vor den impliziten Lesern den Text, die vorgefertigten
Lesarten der Geschichte des Terrors laufen parallel und stören
sich an jedem Gedanken, jeder Zeile, die nicht in die vorge-
prägten Muster des Urteilens fallen.
Jeden geschriebenen Satz befragen die inneren Prüfstellen:
Darf das so gesagt werden? Was beschönigt ein solches Wort?

Was verkennt ein solcher Begriff? Wie angemessen ist diese
Metapher? Wie kränkend diese Beschreibung? Wie krimina-
lisierend diese Bezeichnung?

Dauernd unterwandern diese erfundenen, widersprüchlichen
Lesarten der unbekannten Anderen, die den bekannten kon-
frontativen Diskurs geprägt haben, die eigenen Überlegungen.
Dauernd nagt der Zweifel über die vielfältigen Arten und Möglichkeiten, missverstanden zu werden.

Dauernd drängen sich die vageren Formulierungen auf, die
plakativeren Beschreibungen, die eingespielten Urteile – so
ließe sich die Anstrengung der genaueren Wahrnehmungen
umgehen.

Wer über die RAF und die Reaktionen auf die RAF schreibt,
läuft immer Gefahr, die eigentlichen Fragen auszulassen, aus
Angst, es könnten einem Antworten zugeschrieben werden,
die man niemals geben würde.

Die unbequemen, ambivalenten Intuitionen werden lieber
unterdrückt, aus Angst, sie könnten nicht als solche, eben
ambivalente, zwiespältige, gelesen werden. Aus Angst, an die
real geschriebenen Worte könnten imaginierte angehängt
werden.

Wer über die RAF schreibt, schreibt immer mit und gegen
andere Schreibweisen über die RAF, zitiert oder korrigiert ab-
sichtlich oder unabsichtlich immer schon frühere Schablonen
der Wahrnehmung. Und deswegen liest mancher Leser in die
Texte über die RAF immer nur frühere Texte von und über die
RAF hinein.

In dieser immer noch emotional aufgeladenen Atmosphäre
der wechselseitigen Verdächtigungen und dem immer noch
schwelenden Konflikt um die Interpretationshoheit wird jeder

Satz überprüft auf seine Tauglichkeit, instrumentalisiert zu werden, von der einen oder der anderen Seite.

Es ist ein stockendendes, seltsam suchendes Schreiben, in dem diese eingebildeten Einwände und Manipulationen immer mitgedacht und vorweggenommen werden müssen.

Ich kann nicht sagen, dass es immer gelingt, sie abzuwehren, die feige Furcht vor dem imaginierten Leser.
Ich kann nicht sagen, dass es immer gelingt, diese Suche nach einer genaueren Beschreibung der eigenen Wahrnehmung, die sich nicht vereinnahmen lassen möchte von den vorgeprägten Erzählungen.
Ich kann nur sagen, dass es ein Schreiben in dauernder Selbstverunsicherung ist, wie das Spazierengehen in Kindertagen, bei dem der Schulfreund in unregelmäßigen Abständen einem von hinten mit einem leichten Schwung die Füße wegschlug, und man nach einer Weile, selbstverschuldet, immer weniger Tritt auf dem Boden hatte, weil man den Schlag schon vorwegnahm.

Gegen diese Angst gilt es anzuschreiben.

In ihrer ersten Vorlesung über Poetik sagt die Schriftstellerin Herta Müller:
»Alles wurde immer etwas anderes. Zuerst unauffällig etwas anderes, wenn man es nur so für sich ansah. Dann aber nachweislich etwas anderes, wenn man Worte dafür finden musste, weil man darüber sprach. Wenn man im Beschreiben genau sein will, muss man im Satz etwas finden, das ganz anders ist, damit man genau sein kann.« (Zürcher Vorlesung über Poetik, NZZ, 17./18. November 2007)

Man muss versuchen, es nur so »für sich« anzuschauen. Und
dann beobachten, wie es etwas anderes wird, wenn man Worte
dafür finden muss. Und möglicherweise das wiederum auch
beschreiben, diesen Prozess des Beschreibens und der Veränderungen, die darin statthaben.

»Nur so ließen sich dann auch die eigentlich politischen Fragen, die in der allgegenwärtigen Propaganda der Tat verschüttet waren, wieder freilegen«.

Vielleicht geht es auch darum, in diesem Nachdenken über die
RAF, in dieser Erzählung, die immer auch mit den kontrafakti-
schen Möglichkeiten einer Verständigung ringt, die nach einer
anderen Art der Erzählung dieser Geschichte sucht, dass dabei
eben auch das freigelegt werden kann, was auch als Möglichkeit der Fortsetzung der Geschichte denkbar gewesen wäre.
So könnten all jene Motive und Tropen wieder freigelegt werden, die durch die nachfolgende Gewalt gleichsam in Geiselhaft genommen wurden. All jene kritischen Zweifel, all jenes
gesellschaftliche Unbehagen könnten wieder aufgenommen
werden, das uns heute gut zu Gesicht stünde.
Vielleicht ist es auch das, was es der RAF vorzuwerfen gilt: dass
sie mit ihrer militanten Gewalt alle politischen und sozialen
Fragen unter sich begraben hat. Seither verschlingt die Diskussion um die Gewalt, ihre Verdammung oder ihre Rechtfertigung, jede Möglichkeit, die Gewalt von den Fragen, auf die sie
die falsche Antwort war, zu entkoppeln. Mit magnetischer
Kraft zieht die Gewalt alle anderen Überlegungen an sich und
verhaftet sie dort.

Sich auf die Suche zu begeben nach den Scheitelpunkten dieser
Geschichte, jenen Stellen in der Erzählung, jenen Figuren in

den Kollektiven, die auch anders hätten sich entscheiden können, ist insofern nicht einfach nur unrealistisch und illusionär, sondern sucht eben auch nach Möglichkeiten, andere Antworten, andere Vokabularien der Kritik zu entdecken.

Das ist nicht allein ein historisches Nachdenken, sondern auch ein aktuelles.

Auch gegenwärtig verhaftet der öffentliche Diskurs über die Gewalt alle anderen politischen und sozialen Motive und Themen, verschlingt die Debatte über den islamistischen Terrorismus und die militärischen, gewaltvollen Reaktionen darauf allzuoft unser Nachdenken über die kritischen Fragen, die diesem Terror vielleicht vorausgehen.

Und auch wenn sich weder der historische Kontext noch die Akteure des Terrors vergleichen lassen, gibt es dennoch Fragen, die damals wie heute diskussionswürdig wären: Über den »militärisch-industriellen Komplex« zum Beispiel, wie das damals in der Sprache der Terroristen hieß, könnte heute, dringender denn je, wieder zu sprechen sein. Über das manichäische Weltbild und seine Folgen.

*

Für die etwas jüngere Generation, die sich in der zweiten Generation der RAF spiegelte, gegen sie abgrenzte, war es vermutlich weniger der Bezug auf die Shoah, die die Referenz der eigenen politischen Sozialisation und Aktion markierte. Vielmehr bildete die Kapitalismuskritik die diskursive Schnittmenge der radikalen Linken, von der Spontiszene über die KPDler, die Maoisten hin zu anderen Gruppierungen.

Und dann gab es noch etwas anderes, das die Generation der gleichaltrigen Zeitgenossen Ulrike Meinhofs ausmachte: Mehr heimlich denn ausgesprochen teilten viele auch ein recht dumpfes Gefühl der Bewunderung für diejenige, die eine Überzeugung über die eigenen Bedürfnisse stellte.

War das nicht erst eine wirkliche Überzeugung? Eine, die auch gleich mit einer Kraft einherging, die alle persönlichen Neigungen und Bedürfnisse gleichsam trumpfte?

Der keine anderen Bezüge, privat-familiäre oder politisch-intellektuelle, entgegen standen?

Eine Überzeugung, für die alles aufzugeben war, ohne zu zögern oder zu hadern mit den Verlusten.

Es war die radikale Hingabe, die als moralische Haltung missverstanden wurde.

Dabei hätte gerade das Moment der Selbstaufgabe für eine Idee diese Nachkriegsgeneration zur kritischen Distanz bewegen sollen: Die Zeiten der proto-religiösen Sehnsucht nach individueller Auflösung in einer übergeordneten Ideologie waren ja nicht lange her. Hatten sie sich nicht davon absetzen wollen?

Und schließlich *die dritte Generation*, die Kinder der Opfer-, die Schüler der Täter-Generation: wir.

Als ich mehr oder minder bewusst in den Sog dieser Geschichte gezogen wurde, war die erste Generation schon verhaftet.

Als Kind konnte mich Ulrike Meinhof nur noch mit ihrem Tod berühren.

Nicht mehr mit der Art und Weise, wie sie an den Verkrustungen des Nationalsozialismus in der Bundesrepublik gelitten hatte.

Davon habe ich später erfahren.

Von ihrer Empathie, die sie die Scham überwinden und Marcel Reich-Ranicki nach seiner Zeit im Ghetto fragen ließ.
Als erste in Deutschland, die sich das traute, die das von sich verlangte, die es wirklich wissen wollte.
Er hat das viel später einmal erzählt.

Wir wuchsen schon mit der zweiten Generation der RAF auf.
Die RAF meiner Kindheit war schon eine, die sich weniger politisch auf äußere Zustände bezog, sondern selbstreferentiell auf die eigenen Opfer: die Inhaftierten. Sie töteten und erpressten nurmehr im Namen anderer RAFler.
Weniger im Namen einer politischen Vision.

Unsere Kindheit war geprägt von dieser diffusen Ahnung von schleichender Angst bei den anderen.
Von surrealer Bedrohung, unsichtbar und sichtbar zugleich.
Sichtbar, weil sie in Form dieser rot-schwarzen Fahndungsplakate einem dauernd ins Bewusstsein getrieben wurde.
Unsichtbar, weil sie eben nicht auftauchte.

Wer hatte eigentlich diese Fahndungsplakate entworfen? War das auch Horst Herold?
Ist jemals irgendjemand aufgrund seines Fahndungsfotos wiedererkannt worden oder nur aufgrund auffälligen Verhaltens?

Es waren fratzenhafte Gestalten auf den schlecht gedruckten Plakaten, die einem überall entgegenstarrten. Ich konnte mich eigentlich immer nur auf ein oder zwei Gesichter konzentrieren. Wenn ich in der Post wartete, bis meine Mutter Briefmarken gekauft hatte. Oder am Schalter bei der Bank.
Ich glaube, die einzige Person, die ich mir wirklich visuell einprägen konnte als Abbild eines menschlichen Wesens, war Susanne Albrecht.

Weil sie einen anzuschauen schien. Weil sie so jung aussah.
Weil sie dieses Muttermal hatte.
Ob sie darunter gelitten hat?
Weil dieses Mal im Gesicht sie kennzeichnete als Kind ihrer
Familie?
Weil es sie daran erinnerte, wo sie herkam?
Und hatten sie nicht alles zurücklassen wollen?
Und hatten sie nicht alles Individuelle ablegen wollen?
Dieses Mal im Gesicht markierte sie dagegen immer auch als
unverwechselbar.
War sie deswegen gefährdeter?
Machte es ihr besonders Angst, auf der Flucht, im Untergrund,
dass sie es nicht unsichtbar machen konnte?
Dieser Restbestand des Persönlichen, der nicht aufgehen wollte
im Kollektiv, hatte etwas merkwürdig Renitentes.
Das war mir damals natürlich nicht bewusst. Darüber konnte
ich in meinem Alter auch nicht reflektieren. Es gärte nur unbe-
stimmt.
Und so prägte ich mir dieses Gesicht mit dem Muttermal ein.
Speicherte Susanne Albrecht ab.
Die anderen verschwammen in der Unschärfe.

Was mag das wohl für ein Kind bedeuten: diese Präsenz der
Verschwundenen, die Jagd auf die, die auf die Jagd gegangen
waren, die Bildhaftigkeit der ausgestellten Gefahr?

Ich konnte mich von diesen Gesichtern nie lösen.
Ich weiß nicht, wonach ich gesucht habe.
Vielleicht wollte ich sie mir einfach nur einprägen.
Schließlich wurden sie gesucht.
Ich habe mich immer gefragt, ob ich sie wohl erkennen würde.
So wie man sich beim Memory-Spiel die Bilder auf den türkis-
farbenen Karten in dem kurzen Moment der Offenlegung

einzuprägen suchte, so konzentrierte ich mich auf diese ent-
fremdeten Köpfe der als Mitglieder der RAF Gesuchten.
In der Hoffnung, irgendwann das Double zu entdecken und
ein Paar bilden zu können.

Immerhin registrierte ich schon, dass manchmal einzelne
Figuren erklärungslos verschwanden von den Plakaten. Ohne
dass ich dafür in den Nachrichten eine Eklärung bekommen
hätte.
Wie konnte das nun wiederum gehen?
Wie konnte von den Verschwundenen jemand verschwinden –
ohne vorher einmal aufgetaucht zu sein?

Es begleitete einen beständig dieses Unheimliche der abwesen-
den und doch anwesenden Gestalten.
Sigmund Freud schreibt 1919, das Unheimliche sei »jene Art
des Schreckhaften, welches auf das Altbekannte, Längstver-
traute zurückgeht«.
Die Gesichter, nach denen der gesamte Staat auf der Suche zu
sein schien, flößten deswegen solche Furcht ein, weil sie nicht
furchteinflößend schienen.
Das Erschreckende war die Vorstellung, diese unheimlich-
heimlichen Personen, die so unauffällig und vertraut zwischen
uns lebten, würden plötzlich auffällig.
Gerade das Unscheinbare, das Altbekannte machte das Unheimliche aus.
Vielleicht war es auch deswegen so schwer, sich eines dieser
Gesichter einzuprägen.

Im selben Aufsatz (»Das Unheimliche«) schreibt Freud:
»Dass es nämlich oft und leicht unheimlich wirkt, wenn die
Grenze zwischen Phantasie und Wirklichkeit verwischt wird,
wenn etwas real vor uns tritt, was wir bisher für phantastisch

gehalten haben, wenn ein Symbol die volle Leistung und Bedeutung des Symbolisierten übernimmt und dergleichen
mehr.«

Für meine Generation verwischte in den plakatierten Gesichtern der RAF die Grenze zwischen Fantasie und Wirklichkeit.
Sonderbarerweise führten gerade diese Fahndungsplakate, die
ja eigentlich die wirkliche Gefahr realer Personen ins Bewusstsein rufen sollten, zum Gegenteil: Sie erschienen immer un-
wirklicher. Die rot-schwarzen Poster fungierten als Projekti-
onsflächen, als unbeabsichtigte Einladung zu fantastischen
Reisen ins unbekannte Leben der Flüchtigen.
Die spärlichen Angaben zur Vita der Verdächtigen, die ange-
deuteten Wandlungsmöglichkeiten der Gesichter, all das
schreckte nicht einfach ab, sondern zog an.
Anders, übrigens, als die gespenstischen Folgen der Sendung
»Aktenzeichen XY-Ungelöst« mit ihren nachgestellten Szenen.
Wie immer fiktional und fantastisch diese geschauspielerten
Verbrecher auch wirkten, sie schreckten furchtbar ab. Sie
schürten kein Interesse an den Tätern.

Die Fahndungsplakate der Rote Armee Fraktion dagegen
zogen magisch an.
In zweifacher Hinsicht.
Einerseits begann mit jedem Blick auf die Gesichter der Gesuchten eine verschobene Perspektive auf die Menschen um
einen herum. Jeden, den man sah, an der Kasse im Super-
markt, auf dem Parkplatz vorm Kino, in öffentlichen Park-
anlagen, betrachtete man auf einmal und fragte sich, ob er
einer der Gesuchten sein könnte. Dadurch mussten die realen
Personen gedanklich entstellt werden. Die Gesichter, die man
wirklich sah, passte die Fantasie jenen auf den Plakaten an.
Wenn die Brille weg wäre. Wenn die Haare länger wären. Wenn

der Bart kürzer wäre. Unter dem suchenden Blick nach den Flüchtigen wurde die Wirklichkeit selbst etwas Flüchtiges, Ephemeres.

Zudem wurde in der Imagination jeder zu einem möglichen Mitglied der RAF. Jeder könnte es sein. Unbeabsichtigter Weise normalisierten also diese Fahndungsplakate jene Abgetauchten, die doch eigentlich zu kriminellen Ausnahmeerscheinungen stigmatisiert werden sollten.

Mit jedem Blick auf eine dieser verschwundenen Figuren begann eine fantastische Narration.

Ich malte mir die Typen aus.

Sie bekamen Eigenschaften in meiner Vorstellungswelt.

Unwillkürlich individualisierte ich die Schablonen der Täter.

Sie wurden zu einzelnen Personen. Mit Wünschen und Ängsten.

Vielleicht faszinierte mich deswegen die Paarbildung innerhalb der RAF.

Gudrun Ensslin und Andreas Baader.

Adelheid Schulz und Christian Klar.

Wolfgang Grams und Birgit Hogefeld.

Horst Ludwig Meyer und Andrea Klump – aber das war später.

Das Paar meiner Kindheit waren Adelheid Schulz und Christian Klar.

Waren die beiden eigentlich wirklich ein Paar?

Sich für Adelheid Schulz zu interessieren war ungefähr so naheliegend wie George Harrison als Lieblings-Beatle auszumachen.

Trotzdem war das so.

Vielleicht faszinierte mich vor allem die Vorstellung, dass diese Gesuchten *lieben* konnten.

Wie gelang ihnen das?

Wenn sie liebten, wenn sie einander begehrten, dann wurden

sie doch verzehrt von diesem Rausch, dann zog es sie doch davon, wenn sie sich in den Körper eines anderen hineinliebten, wenn sie verlorengingen im anderen, wenn sich alles aufzulösen schien, wenn ihnen die Wirklichkeit verschwand, wie das üblich ist, wenn jemand liebt und begehrt – wie konnte dann gleichzeitig die Änderung der Wirklichkeit über allem stehen?

Vielleicht habe ich damals schon bezweifelt, dass sie wirklich liebten.

Dass sie wirklich geliebt wurden.

Vielleicht ist das eine nachträgliche Projektion von später, da ich diese zur Schau gestellte Männlichkeit eines Andreas Baader und diese demonstrative Härte eines Christian Klar gleichermaßen ekelhaft fand.

Wie konnte dieses narzisstische, gewollt heterosexuelle Gepluster von Andreas Baader anziehend wirken?

Was faszinierte die Frauen daran?

Frauen wie Gudrun Ensslin oder Ulrike Meinhof?

Wie konnte jemand attraktiv wirken, der doch, zumindest für Nachgeborene, nichts als verschwitzte Autoerotik ausstrahlte.

Das Gebaren war ja noch nicht einmal machistisch, das war nur eine spießige Erfindung vermeintlicher Lässigkeit.

In der betonten Inszenierung der virilen Potenz des dandyhaften Revolutionärs schien letztlich nur die krampfige Impotenz eines Hochstaplers zu liegen, dessen Aura aus selbstverliebter Gewalttätigkeit bestand.

Nicht nur Gewalt nach außen. Nicht nur instrumentelle Gewalt gegen Objekte. Nicht nur terroristische Gewalt gegen Menschen.

Sondern eruptive Gewalt, die sich anscheinend an der Demütigung und Erniedrigung anderer entlud und wieder auffüllte.

Gewiss: Wir Nachgeborenen können nie mit Bestimmtheit
sagen, wie wir uns verhalten hätten in einer anderen Zeit.
Vielleicht hätte mich diese Bewegung auch angezogen. Wer
weiß.
Aber es gibt zwei Momente, jenseits der Gewalt, die mir (natürlich *nicht* gleichwertig) widerwärtig und unverzeihlich sind:
die eingeschränkte Sexualität und der uneingeschränkte Anti-
semitismus.

Wie konnte eine Bewegung, die ursprünglicherweise gegen die
Restbestände des Nationalsozialismus in der Bundesrepublik
angetreten war, sich gemein machen mit Unterstützern wie
den Entführern von Entebbe, die ausdrücklich »Juden
selektieren« wollten?
Wie konnte eine RAF-Angehörige wie Andrea Klump in
Ungarn von einem geplanten Anschlag auf einen Bus mit
jüdischen Auswanderern aus Russland wissen und darüber
schweigen?
Das waren Migranten, die vor Rassismus und Unterdrückung
geflohen waren.
Und die griffen sie an?
Flüchtlinge?
Weil sie auf dem Weg nach Israel waren?
Weil das, ihrer Ansicht nach, das falsche Zielland war?
Weil sie das »Recht auf Rückkehr« ablehnten?
Weil sie, die Kinder und Enkel des Nationalsozialismus, es ver-
werflich fanden, dass Juden aus aller Welt ein Bleiberecht im
Staat Israel haben?
Weil sie die Möglichkeit der Flucht nach Israel rassistisch fan-
den, wollten sie die Flüchtlinge aus Russland, wo diese rassis-
tisch bedroht waren, ermorden?
Das Ganze noch dazu in Budapest, in Ungarn.

Und wie konnte eine Gruppe, die aus einer Bewegung hervorgegangen war, die sich immer auch sexuell von der früheren
Generation hatte abgrenzen wollen, die auch eine sexuelle Be-
freiungsbewegung hatte sein wollen, diese lächerliche Erotik
austrahlen?
Die Gewehrläufe neben dem Bett, der Revolver im Bund, dieser Fetischismus der Waffen, die Statusversessenheit in der
Geilheit auf schnelle, große Wagen, diese ewige Selbstinszenie-
rung als machistische Männer, die ihre Frauen wie Trophäen
präsentierten. Wie schlecht muss der Sex vorher gewesen sein,
dass sie das erotisierend finden konnten?

In ihrer Verteidigung gegen den Vorwurf der Beteiligung an
dem Sprengstoffanschlag auf russische Juden in Budapest 1991
erklärte dann auch Andrea Klump, sie habe lediglich mit Horst
Ludwig Meyer das Bett geteilt und den Haushalt geführt.
Den Haushalt geführt?
Papa geht aus dem Haus und mordet, Mama bleibt in der
Küche und bereitet das Abendessen vor?
Sah sie so also aus, die soziale Revolution? Die politische
Avantgarde? Die Utopie vom befreiten Leben?

Vielleicht erklärt das auch, warum mir einige Frauen immer
etwas verloren schienen in dieser Szene.
Dachte ich deswegen häufig an Adelheid Schulz?
Natürlich waren das alles fantastische Erfindungen meiner-
seits.
Was wussten wir denn schon über diese Menschen auf den
Plakaten?
Was weiß ich, wie dieses Leben im Untergrund wirklich aus-
sah?

Ich konnte damals nicht ahnen, dass ich eines Tages nicht mehr bezugslos auf die Bilder schauen würde, sondern auf der Suche nach dem Gesicht des Mörders meines Patenonkels.

Es ist eines, unbetroffen diese Bilder zu betrachten. Emotionslos ihre Gesichtszüge zu studieren wie Pinselstriche auf einem Gemälde.

Etwas anderes ist es, auf diese unwirklichen Abbilder oder Computer-Simulationen zu blicken und das Konterfei dem Mord an einem Freund zuzuordnen.

Dies soll also der Mörder sein? Die Mörderin?

Wie angenehm wäre es, wenn sich Taten in der Physiognomie des Täters ablagern würden.

Es ist dieser ewige Fehlschluss, den man bei der Betrachtung des Abbilds eines Verbrechers vollzieht: dass das Grausame einer Tat sich in irgendeiner Weise in der Person desjenigen zeige, der zu einer solchen Tat fähig ist.

Wir wünschen uns ein solches Verhältnis, sehnen uns danach, dass der Täter so dämonisch erscheine wie die Tat.

Und sind dann immer wieder überrascht, dass das eine vom andern entkoppelt ist. Die Grammatik von Subjekt und Prädikat eines Verbrechens unterscheidet den Täter von seiner Tat.

Sie können gänzlich andere Erscheinungsformen annehmen. Die zeitgenössische Renaissance des Begriffs des »Bösen«, das so personalisiert klingt, als sei es eines, hilft deswegen wenig, dieses Auseinanderklaffen von Person und Handlung zu erklären. Man schaut auf diese Gesichter und erkennt natürlich nichts darin. Oder alles, was man in ihnen erkennen möchte. Ich konnte nie einen Bezug herstellen zwischen denen, die als mutmaßliche Täter dort abgebildet und gesucht waren, und der Tat.

Es waren unbekannte Namen und Gesichter, die dem Mord an Alfred Herrhausen zugeordnet wurden.

Gelegentlich hatte man die Vermutung, dass diese Personen, die jeweils als Verdächtige angeprangert wurden, auch dem BKA gänzlich unbekannt waren.

Der Hysterie der Fahndung nach den bekannten Tätern der siebziger Jahre war nun der Aktivismus der Fahnder nach den unbekannten Tätern der achtziger Jahre gefolgt.

Hat sich eigentlich jemals jemand bei der Bundesanwaltschaft, beim BKA oder beim Innenministerium gefragt, ob es vielleicht kompetenter wirken könnte, das eigene Unwissen zuzugeben anstatt zwielichtige Informanten vorzuschicken, die Dichtung und Wahrheit nicht zu unterscheiden wissen?

Einmal abgesehen davon, dass es auch für die betroffenen Angehörigen schön gewesen wäre, kurz *vor* Bekanntgabe neuer Lügen oder neuer Verdächtiger durch das Fernsehen von den Behörden informiert zu werden. Einfach nur so zur Vorbereitung. Einfach nur, um zu wissen, ob der Mord an dem eigenen Mann, dem eigenen Vater jetzt geklärt werden konnte.

Einmal abgesehen auch davon, dass es vermutlich für die betroffenen Unschuldigen ebenfalls kein Vergnügen war, sich auf einmal auf einem Fahndungsplakat im Zusammenhang mit einem Mord wiederzufinden.

Glaubten die Behörden wirklich, den Angehörigen wäre es lieber, ein Unschuldiger säße im Gefängnis, als dass ein Schuldiger frei herumliefe?

Der Öffentlichkeit wäre es lieber, über einen Unschuldigen würden Lügen verbreitet, als vom Schuldigen würde geschwiegen?

Warum machten sie das?

Warum inszenierten sie den vermeintlichen Informanten Siegfried Nonne so?

Hieß der wirklich so?

Schon der Name: diese Mischung aus Richard Wagner und katholischer Kirche.

Wer hatte sich *das* denn ausgedacht?

Warum ließen sie seine Geschichten durchgehen?

Wie qualifizierte sich so eine Figur eigentlich als V-Mann?

Ein depressiver Alkoholiker, der lange in der Psychatrie gesessen hatte, in dessen Keller Sprengstoffspuren gefunden wurden.

Nur leider nicht dieselbe Sorte wie die bei dem Mord auf Alfred Herrhausen verwandte.

Waren die Ermittlungsbehörden eigentlich rücksichtslos oder gleichgültig?

Perfide oder inkompetent?

Hatten sie einfach eine Statistik zu erfüllen?

Standen Budget-Verhandlungen an?

Wen wollten sie damit bloß beeindrucken?

Wovon wollten sie damit ablenken?

Wen wollten sie damit beschützen?

Wissen sie einfach nicht mehr?

Oder wissen sie etwas, aber es kostet zuviel Mühe, einzelne Fälle wirklich aufzurollen?

Warum?

Weil sie dann auch einige der Inhaftierten entlasten müssten?

Weil sie dann zu einer Differenzierung zwischen unterschiedlichen Graden an Tatbeteiligung, an Schuld genötigt würden?

Weil das Kollektiv der deindividuierten Verbrecher sich auflösen würde in einzelne Personen?

Weil offensichtlich würde, wie ungenau frühere Anklagen, wie unpräzise frühere Rekonstruktionen der Taten waren?

Weil sie immer schon einen Vorteil daraus ziehen konnten, dass sie die Mitgliedschaft in einem Kollektiv bestraften, weil sie Zugehörigkeit schon strafrechtlich ahnden konnten, weil die genauen Handlungsstränge ohnehin nicht entflechtbar sein mussten?

Weil verschiedene Momente des Tätigseins, des Dabeiseins, des Handelns keine Relevanz haben sollten?

Weil sie der RAF in ihrer »Wir-sind-Subjekt«-Sprache, in ihrer unbedingten Unteilbarkeit tief verbunden waren?

Weil das die Feindschaft so einfach machte?

Weil es sie nicht nötigte, Unterscheidungen zu treffen?

Weil sie so ihre Inkompetenz tarnen konnten in dieser allgemeinen Hermeneutik des Verdachts?

Weil sie so alles in diesem vereinheitlichenden Strom der Bedrohung nivellieren konnten?

Weil es gleichgültig war, ob jemand verschwunden oder verdächtig war, ob jemand etwas gewusst oder jemanden getötet hatte?

Weil deutlich würde, dass die Bundesanwaltschaft manche Aussagen nicht genutzt hat, obgleich sie wahr waren?

Weil was?

Weil deutlich würde, was ihre eigenen ungeklärten Rollen in diesem Konflikt waren?

Weil sie dann selbst sprechen müssten? Ihre Informanten, Mitwisser, V-Leute auf einmal ebenfalls ihre Geschichten erzählen müssten?

Weil das Bild, das sich dann zeichnen ließe, mehr Zwischentöne und Schattierungen hätte, als das bloße Schlaglicht es bisher zuließ?

Weil die eigenen Verstrickungen auch entblößt würden? Nicht nur die Inkompetenz?

Manchmal, in ungerechten Augenblicken, denke ich, in dieser
Respektlosigkeit gegenüber Unterschieden sind sich Terroristen und ihre Verfolger erschütternd verwandt.
Wenn es nicht solche moralischen und politischen Versehrungen hinterließe, könnte es einem gleich sein, wie die Feindschaft die Feinde einander ähnlicher machte.

Warum bleiben die Hinweise auf eine mögliche Verwicklung
der Stasi in die letzten Morde der RAF so unbeachtet?
Warum scheint es für kaum jemanden relevant zu sein, was
David Crawford vom »Wall Street Journal« da recherchiert
hat: weder innerhalb der Bundesanwaltschaft noch innerhalb
der konservativen Partei, die doch ansonsten jedem noch so
kleinen IM nachjagt, aber bei der Frage, ob die Staatssicherheit der DDR nicht nur Aussteiger aus der RAF bei sich
aufnahm, sondern möglicherweise aktive, militärische
Hilfe bei der Konzeption und Ausführung von Mord-
anschlägen in der Bundesrepublik geleistet hat, stumm
bleibt.
Wundert das nur mich?
Gäbe es eine solche Verbindung zwischen RAF und Staatssicherheit, wären die technisch und logistisch ausgefeilten
Morde von Herrhausen und Rohwedder, die immerhin beide
nach dem Fall der Mauer ausgeführt wurden, wirklich ein
Gemeinschaftswerk, dann wäre ein Forum für Aufklärung
umso nötiger.
Warum stürzen sich alle in eine historisierende Debatte, mit
den ewig selben Bildern und den ewig selben Urteilen, anstatt
eine wirklich ergebnisoffene Diskussion um die unverstande-
nen, unbekannten Geschichten der Geschichte der RAF zu
führen?
Gäbe es diese Verbindung von Stasi und RAF, wäre es sicherlich eine Debatte, die ganz andere politische und gesellschaft-

liche Dimensionen erreichen müsste als nur die Frage der Aufklärung von individuellen Verbrechen.

Mir ist es gleich, ob sich diese spezifische Version oder eine andere beweisen ließe, mir ist es auch gleich, ob die RAF von der Stasi oder irgendeiner anderen Organisation operative Hilfe bekommen haben könnte, mich begeistert keine Verschwörungstheorie, ich möchte nur Gründe und Argumente dafür oder dagegen hören, ich möchte verstehen, warum die Bundesanwaltschaft eine Version gegenüber einer anderen vorzieht, warum eine Möglichkeit wahrscheinlicher als eine andere sein soll.

Wenn man doch angeblich nicht weiß, wer an diesem Mord beteiligt gewesen ist, wieso weiß man dann, wer nicht daran beteiligt gewesen ist?

Vielleicht sollten die Sicherheitsbehörden auch einfach zugeben, dass sie an bestimmten Fällen längst nicht mehr arbeiten.
Die Verbrechen mögen nicht verjähren können. Und deswegen können sie es vielleicht nicht offiziell erklären.
Aber glauben sie wirklich, dass wir ihnen glauben, dass sie sich um Aufklärung bemühen?
Dass da noch eine Einheit sitzt über verstaubten Akten, ein Beamter jeden Morgen an seinen Schreibtisch geht und nach neuen Spuren sucht?
Wie unwahrscheinlich ist das?

Warum, also, sollten wir dieses Bild der aktiven Gegnerschaft, der fortdauernden Ermittlungen in Sachen ungeklärte Fälle der RAF noch aufrechterhalten?
Für wen?

Meinen sie, wir fühlten uns sicherer, wenn sie sich noch als
ermittelnde, unvermindert harte Justiz geben?

»Gewalt ist Herrschaft, aber Einsamkeit«, schreibt Emmanuel
Lévinas. Sie mögen deswegen in dieser Versteifung verharren.
Sie mögen an dieser fixierten Haltung aus Gewalt und Gegen-
gewalt festhalten, weil sie damit überhaupt eine Haltung zu
zeigen glauben.
Weil sie sich damit einem Gegner gegenüber überlegen mei-
nen, der Angst einflößt, obgleich er längst aufgegeben hat.
Gewalt ist Herrschaft, aber Einsamkeit.
Wir sollten aus dieser einsamen Position heraustreten und
miteinander reden.

Wenn wir verhindern wollen, dass wir uns dem Zerrbild an-
gleichen, das die früheren Gegner sich von uns gemacht hatten, wenn wir verhindern wollen, dass wir in einer mimeti-
schen Reaktion ihnen immer ähnlicher werden, wenn aber
auch sie, die Täter verhindern wollen, dass sie der Imago des
»Systems« ähnlich werden, gegen das zu kämpfen sie ausge-
zogen waren, dann müssen wir gemeinsam die Prägungen der
Vergangenheit verhandeln.

Dabei müssen wir auch die politischen Fehler, Irrtümer, die
eigene Verantwortung und Schuld mitverhandeln. Auch dies
wird zum Kaleidoskop der Geschichten gehören: Die Erfahrungen und Motive der Ermittler aufzublättern, das eigene Versagen,
die Versuche der Manipulation, der Infiltration, der Desinforma-
tion, all die kleinen und größeren Vergehen werden auch dazugehören müssen, wenn wir uns der Aufklärung stellen wollen.
Auch hier gilt Amnestie gegen Wahrheit. Und auch hier werden die Lüge und das Schweigen gebrochen werden müssen,
wenn wir wirklich diese Epoche begreifen wollen.

All die Deformationen des Polizeiapparats, des Verfassungsschutzes, wer immer an der Suche nach den Terroristen und
ihres Umfelds beteiligt war, die moralischen Verkrüppelungen
ebenso wie die strukturellen Verzerrungen, die die Konfrontation mit der RAF über die Jahrzehnte bedingt hat – all das
sollten wir ebenso beleuchten können, wenn wir wissen
wollen, wie diese Zeit uns herausgefordert hat.
Nur in der selbstkritischen Aufklärung auch der eigenen Vergehen erweist sich der dauernd autosuggestiv behauptete
Unterschied zu Kriminellen.

Wenn wir die Würde des Menschen nicht nur in selbstverliebter Pose zitieren, sondern sie wirklich respektieren würden,
dann müssten wir sie jedem zubilligen, auch denen, die sie
anderen nicht zugestehen.

Wenn die Behörden tatsächlich durch ihr illegales Abhören
der Gespräche der Gefangenen in den Zellen in Stammheim
wussten, dass diese ihren Selbstmord planten, hätten sie ihn
verhindern müssen.

Wo sind diese Abhörprotokolle? Wer hatte damals Einsicht
in diese Unterlagen? Wer hat diese Informationen über die
Absichten der Gefangenen mit wem geteilt? Gab es Diskus-
sionen darüber, ob die Selbstmordpläne ernst zu nehmen
waren? Gab es Zweifel daran, ob es legitim sei, sie sich selbst
töten zu lassen? Haben sie gehofft, gewartet, bis es geschehen
war? Wie haben sie sich die Zeit vertrieben in der entschei-
denden Nacht? Hat jemand zugehört? Konnten sie sie hören,
die Geräusche der Vorbereitung? Haben sie mitgehört, wie es
klingt, wenn sich jemand das Leben nimmt? Haben sie kurz
gezögert, ob sie vielleicht eingreifen sollten? Die Tür öffnen
und es stoppen? Oder waren sie nur erleichtert, dass sie end-

lich still waren? Dass er endlich vorbei war, dieser Spuk in
Stammheim?

Hatten sie nicht Angst, all die Jahre, ob diese Bänder einmal
wieder auftauchen könnten? Ob ihre Mitschuld einmal
bekannt werden könnte? Oder sollen wir glauben, da wurde
abgehört, aber keiner hörte mit? Da wurden Protokolle ange-
fertigt, aber keiner las sie? Da sprachen die Inhaftierten über
Selbstmord, vermutlich nicht nur einmal, sondern so lange, bis
die konzertierte Aktion in ihrem Ablauf klar und gesichert war,
und keiner meldete diesen Plan der nächsthöheren Instanz?
Wozu hätten sie dann mitgehört?

Auch hier geht es nicht um eine Anklage.
Sondern dass die Beteiligten von ihren Erfahrungen, ihrer
Perspektive, ihrer Position aus sprechen. Dass sie eine Sprache
finden für das, was über Jahrzehnte sprachlos und unverstan-
den blieb. Dass sie Ich sagen. Sich nachdenklich und kritisch
dieser Zeit noch einmal zuwenden können und sie einfügen in
die soziale Erzählung, in der wir uns verstehen.

Es ist an der Zeit anzuerkennen, dass es eine andere Lösung
nicht geben kann.
Das Warten auf neue Ermittlungen ist illusorisch.
Das Warten auf plötzliche Geständnisse auch.
Das permanente Hetzen der Boulevard-Presse gegen die, die
zu keinerlei Verteidigung mehr fähig sind, ist ebenso unwürdig
wie deren verklärende Huldigung durch die Boulevard-Sym-
pathisanten.
Populistisch und banal alle beide.

Wer eine Amnestie ablehnt, weil solche Verbrechen unbedingt
bestraft gehörten, verkennt, dass sie bisher auch nicht bestraft

wurden, dass die letzten ungeklärten Morde der RAF auch nicht mehr bestraft werden, weil sie mit Mitteln der Bundesanwaltschaft nicht mehr aufgeklärt werden können.

Wer *de jure* dagegen argumentiert, dass die einmal erkannten Täter freikommen sollen, plädiert *de facto* dafür, dass die unbekannten Täter frei bleiben.

Es gibt, realistisch betrachtet, keine Wahl zwischen einer Bestrafung der Täter der letzten unaufgeklärten Morde der RAF und einer Nicht-Bestrafung.

Es gibt, wenn überhaupt, nur die Wahl zwischen Aufklärung und Verschleierung, zwischen trauerndem Wissen und melancholischem Nicht-Wissen, zwischen radikaler Öffentlichkeit oder geduldetem Schweigen.

Es ist an der Zeit.

Achtzehn Jahre ist der Mord an Alfred Herrhausen her, während ich dies schreibe.

Jeder von uns vermisst vermutlich etwas anderes: Mir fehlt seine Fähigkeit, sich zu freuen. Und dieses wunderbare »Wohl«, am Ende eines Satzes. Ich hatte nie verstanden, was das eigentlich heißen sollte: »wohl«.

Es schloß einen Gedanken ab und schien doch gleichzeitig etwas zu eröffnen.

Es war ein »es ist gut« und dann lud es aber noch ein zu einer Antwort, zum Weitersprechen.

Vielleicht hätte er das zu der Forderung nach einem Ende des Schweigens gesagt.

»Wohl.«

Ich weiß es nicht.

Achtzehn Jahre ist der Mord an Alfred Herrhausen her.

Jemand, der diese Zeitspanne überlebt hat, wird erwachsen genannt.

Ich war zu jung damals, um das Unverfügbare zu kennen.
Zu alt, um es abstreiten zu können.
Sie sind zu alt heute, um noch an die Logik des Verrats zu glauben.
Zu jung, um ihr Leben in der Lüge weiterzuleben.

Die Bundesrepublik ist alt genug, um selbstkritisch sein zu können.
Zu jung, um die Verkrustungen der Vergangenheit nicht aufbrechen zu können.
Niemand braucht zu fürchten, der Staat zeige Schwäche oder löse sich auf, wenn er auf sein Recht auf Strafe verzichtete.
Die Rechtsstaatlichkeit wird nicht unterwandert, wenn ihre Grenzen markiert werden.

Dreißig Jahre ist der Deutsche Herbst her.
Die gesellschaftliche Selbstsicherheit, die damals noch nicht bestand, ließe sich heute auch gegenüber denjenigen demonstrieren, die sie in Frage stellen: durch Großzügigkeit.
Durch ein Angebot.
Zum Gespräch. Zur Aufklärung.
Zu einem öffentlichen Dialog.

Das wäre ein Kaleidoskop an Erfahrungen, die dort zusammengetragen werden müssten. Eine Vielzahl an Perspektiven, an partiellen, subjektiven Wahrheiten, es wären Bruchstücke, die sich erst gegeneinander und miteinander ergänzten.
Manche Splitter wären vermutlich nicht mehr zu finden.
Manche würden vermutlich nicht zusammenpassen.

Auch das, diese Ablösung von der Vergangenheit und voneinander, würde vermutlich Schmerzen bereiten.
Vermutlich würden wir uns selbst vorwerfen, zu milde zu sein.

Es käme uns fahrlässig vor. Gleichgültig. Vielleicht auch un-
dankbar den Toten gegenüber. Als ließen wir die Tat noch
einmal geschehen in dem Moment, in dem wir die Täter entkommen lassen.
Vermutlich werden wir es rückgängig machen wollen, das
Versprechen der Freiheit, in dem Augenblick, da wir die Geschichte der Tat kennen. Vermutlich wird es uns falsch erscheinen, die Täter scheinbar zu belohnen.
Vermutlich werden wir auch Dinge in Erfahrung bringen, die
wir nicht ahnten, die schlimmer sind als alles, was wir uns ausgemalt hatten.
Vermutlich werden wir uns verlassen vorkommen von den Behörden und Institutionen, die sich doch im autosuggestiven
Gestus für unantastbar erklären.

Vielleicht wird es uns dann nicht reichen. Die Erklärung, die
wir zu hören bekommen. Die Geschichte der Tat, die uns erzählt wird. Die Geschichte der Ermittlungen.
Vielleicht werden die Worte nicht die richtigen sein. Nicht die,
die wir erwarten, die wir erhofft haben. Die Worte werden hohl
wirken, ohne Substanz, unverhältnismäßig, inadäquat, unzu-
länglich. Wir werden vielleicht nicht so erleichtert sein, wie wir
es uns erhoffen. Vielleicht werden wir enttäuscht sein, weil wir
uns in all den Jahren des imaginierten Dialogs ganz andere Gespräche, ganz andere Erklärungen ausgemalt hatten. Vielleicht
wird es nicht heranreichen an unsere Fantasie. Vielleicht wird
es neue Wunden schlagen, neuen Zorn schüren, auf andere
Akteure als wir bisher glaubten. Vielleicht hätte das jahrlange
Schweigen auch die Sprache verkümmern lassen.
Aber gäbe es das: die richtige Erklärung? Das richtige Wort?
Eines, das uns wirklich beruhigte?

Würden wir es zulassen, wenn es gesprochen würde? Das richtige Wort?

Was immer sie auch sagen werden, was immer sie gestehen, verlangt das eine bestimmte Antwort?
Gäbe es eine richtige Form der Reaktion?
Dass ich es verstehe?
Dass ich es nachvollziehen kann?
Dass ich die Tat in ihrem Denkgebäude verorten kann?
Dass ich ihren Ursprung in einer historischen Epoche situieren kann?

Erwarten sie sich etwas davon, dass sie sprechen?
Sprechen sie für sich?
An wen würden sie sich wenden?
An die Öffentlichkeit?
An die Politiker, die die Bundesrepublik repräsentieren?
An die Linke, die jetzt vor immer komplexeren Fragen einer internationalen Gerechtigkeit steht?
An die, denen sie einen Menschen genommen haben?
Gäbe es überhaupt einen Adressaten?
Vielleicht müssten sie das auch erst wieder üben: sich an andere zu wenden.
Sich auf einen Dialog, ein Gespräch mit ungewissem Ausgang einzulassen.
Vielleicht wären sie überrascht, wie schwer das ist, die eigene Geschichte sich selbst verständlich zu machen.
Vielleicht wären sie überrascht, wie leicht das ist, die eigene Geschichte anderen verständlich zu machen.
Vielleicht müssten sie erst nach einer Sprache suchen, die das Gestrige den Heutigen zu vermitteln vermag.

Vermutlich werden alle darauf schauen, was sie verlieren
könnten.

Vermutlich werden alle darauf achten, sich nicht verletzbar zu
zeigen.

Und vermutlich ist das der Grund, warum dieser Text mit der
eigenen Verstörung beginnen musste.

Damit es nichts mehr zu schützen gäbe.

Warum das ein Gewinn sein sollte?

Weil wir uns einen neuen politischen Horizont schaffen müssen.

Weil wir aus dieser Vergangenheit herauswachsen müssen, weil
wir die alte Haut, die längst schon rissig und schorfig geworden ist, nur so abstreifen können, indem wir darauf vertrauen,
dass die neue uns ebenfalls schützen wird.

Nur anders.

Weil wir wieder in Zeiten des Terrors leben, weil wir wieder
nach Antworten suchen, auf eine andere Form der Herausfor-
derungen, weil wir wieder Gefahr laufen, auf Gewalt nur mit
Gewalt zu antworten, weil wir wieder geneigt sind, dem Fetisch
der Sicherheit zu huldigen, als ob es das gäbe: vollkommenen
Schutz.

Weil wir im Versuch, uns zu wehren, eben jene Werte mehr
und mehr aufgeben, von denen wir behaupten, dass sie uns
auszeichneten: Freiheit und Aufklärung, Kritikfähigkeit und
Toleranz.

*

Wenn wir es ernst meinten mit dieser viel zitierten Aufklärung,
dann bedeutete sie heutzutage einen Freiraum, in dem individuelle oder kollektive Neigungen, Überzeugungen und Hoff-
nungen gelebt werden können – ohne dass der Staat oder

Nachbar zu intervenieren aufgerufen ist. Sie bedeutete die Freiheit zu glauben oder nicht zu glauben. Die Freiheit, sich nach einer anderen Welt, nach einer anderen Ordnung zu sehnen – aber die rechtliche Ordnung der gesellschaftlichen Verfasstheit anzuerkennen. Das bedeutet im Übrigen auch, irrational sein zu dürfen, aus Liebe zu einem Text, einer Person, einer alten Geschichte, das bedeutet auch, die eigene Herkunft, den kulturellen oder sozialen Kontext, die Wirklichkeit um einen herum überschreiten zu dürfen – im Glauben oder im Unglauben.

Diese Freiheit, sich selbst oder die Realität zu überschreiten, ist es, die Menschen kreativ sein lässt. Aus diesen Sehnsüchten erwachsen die Kunst, die Musik, die Philosophie. Es mögen religiöse oder atheistische Visionen sein, die uns über uns hinauswachsen lassen. Aber wir verarmten kreativ in unserem Gemeinwesen, in unserer Lebensfreude, wenn wir sie in die eine oder in die andere Richtung beschneiden wollten.

In der Reaktion auf den gegenwärtigen Terror wäre es vor allem nötig, die heutigen Ideologen dort zu entlarven, wo sie wirklich zu finden sind: überall dort, wo soziale, ästhetische und politische Fragen als vermeintlich religiöse deklariert werden. Überall dort, wo Rassismus und Anti-Islamismus als Säkularisierung verklärt werden. Überall dort, wo christlicher Fundamentalismus als aufgeklärte Moderne ausgegeben wird. Überall dort, wo Rassismus als muslimische Selbstbestimmung verkleidet wird. Überall dort, wo Fragen der Integration, der Bildung, des Patriarchats, der sozialen Mobilität, der Anerkennung als angeblich religiöse Fragen ins Reich des Unbeantwortbaren abgeschoben werden. Die religiöse Lesart der Konflikte unserer Zeit kennzeichnet vor allem eine Verweigerungshaltung, uns mit ihnen auseinanderzusetzen und an einer Lösung zu arbeiten. Stattdessen ziehen wir uns auf unsere geliebten, vertrauten Gewissheiten zurück, loben die eigene Überlegenheit und schütteln den Kopf über die Unverständigkeit und Gewaltbereitschaft des anderen.

So aber erfüllen wir genau die perfiden Erwartungen der wirklich Gewaltbereiten und anverwandeln uns jenem verzerrten Bild, das die Fundamentalisten von uns zeichnen. Das jedoch ist die eigentliche terroristische Bedrohung, möglicherweise nachhaltiger und gefährlicher als die traurigen Verluste unschuldigen Lebens, nämlich, dass es den Fanatikern gelungen sein könnte, uns im Kern unseres Selbstverständnisses zu treffen und eine Reaktion zu provozieren, in der wir uns bar all jener demokratischen und liberalen Werte zeigen, von denen wir behaupten, dass sie uns auszeichneten. Dies jedoch ist eine Bedrohung, die wir innerhalb, nicht außerhalb unserer Gemeinschaft bekämpfen müssen.

So müssen wir uns befragen, worin diese neue Radikalität, dieser andere Fundamentalismus entstehen. Wir müssen nach den Ursprüngen der Gewalt suchen, nach den Anfängen der Geschichte, immer wieder nach den Anfängen, um andere Weisen zu entdecken, auf die sie fortgesetzt werden könnten. Das gelingt nur, wenn wir nach Gemeinsamkeiten suchen, bei allen Unterschieden, wenn wir die Kritik als Selbstkritik annehmen, wenn wir uns herausfordern lassen.

Auch heute müssen wir versuchen, die legitime Kritik von der illegitimen Gewalt, den berechtigten Unmut von den unberechtigten Angriffen zu entkoppeln.
Auch heute müssen wir nach den individuellen, den abweichenden Stimmen suchen und sie hörbar machen, damit wir eine Erzählung möglich machen, die den eingefahrenen, polarisierenden Diskurs konterkariert.

*

Getrieben vom Zorn jedenfalls werden wir die Gewalt von heute und die Gewalt von gestern nicht überwinden. Je zorniger wir reagieren, je mehr wir uns hineinsteigern in diese aufgewühlte Wut gegen die anderen, umso mehr deuten wir auf das, was am Grund dieses Zorns liegt: die eigene Schwäche.

Vor lauter Angst vor der Schutzlosigkeit, die jene offenbart haben, inszenieren wir eine Stärke, deren Mangel erst die Wurzel des Zorns ist.
Wenn wir uns unnachgiebig, gefestigt und unverwundbar zeigen wollen, offenbaren wir doch nur unsere Verwundbarkeit. In all diesen Ritualen der Macht gegenüber den alten oder neuen Feinden artikuliert sich vor allem die eigene Ohnmacht. Immer ist es eine alte – reale oder eingebildete – Demütigung, eine frühere Hilflosigkeit, die nun zu Handlungen treibt, in denen man außer sich ist. Längst schon rächt sich der Zorn nicht mehr nur an denjenigen, die die Wunde geschlagen haben. Sondern jede Äußerung, jede Geste, jede Person, die die Erinnerung an diese Schwächung auslöst, werden mitgetroffen vom wieder aktivierten Zorn.

Der Einzige, der diesen Zusammenhang von Hass und Schwäche offenbart hat, ist der ehemalige Bundeskanzler Helmut Schmidt in einem beeindruckenden Interview mit Giovanni di Lorenzo in der »Zeit«. Noch immer wird Schmidt aufbrausend, wenn er über die RAF sprechen soll. Noch immer bricht sie aus ihm hervor, die Verachtung für den ehemaligen Gegner. Aber aus all seiner selbstbewussten, überlegenen Haltung spricht vor allem der Zorn über die Ohnmacht, die er damals empfand. Es ist dieses Gefühl der Schwäche und das Einge-

ständnis der Schuld am Tod Hanns Martin Schleyers. Helmut
Schmidt ist der Einzige, der es so ehrlich bekennt: dieses Gefühl
des Ausgeliefertseins an die eigene moralische Verstrickung, zu
der die Gegner ihn gezwungen haben. Auch dafür verachtet er
die Täter von damals, dass sie ihn hineingezogen haben in eine
Situation, in der er Schuld auf sich laden musste. Es ist diese
Verwobenheit der Geschicke der Täter, ihrer Opfer und derer,
die sie zu verteidigen suchten, die er der RAF nicht verzeiht.

Die amerikanische Politologin Wendy Brown spricht in ihrem
Buch »States of Injury« von einem »wounded attachment«,
einer verwundeten Bindung, die sich bei Menschen oder Gruppen ausbildet, die in besonderer Weise durch Ablehnung und
Missachtung, durch Ausgrenzung, physische oder psychische
Verletzung geprägt wurden. Diese Verwundung ist irgendwann
nicht mehr allein eine belastende Erfahrung, sondern wird zu
einem wesentlichen Bestandteil der eigenen Identität.
Es entsteht eine Bindung *an* die Verwundung.
In ewig selben kritischen Beschreibungen der früheren Demütigung verfestigt sich diese im eigenen Bewusstsein, in dem
wiederholten Anklagen der anderen, die einem diese Versehrungen zugefügt haben, vertiefen sich die Wunden. Anstatt
also die eigene Subjektivität, die beschädigt wurde, wieder zu-
rückzugewinnen, verformt sie sich.

Hat die RAF eine solche bindende Verwundung geschlagen?
Hängen wir an dieser Erfahrung? Reagieren wir nicht immer
noch verwundet, auch wenn wir nicht mehr angegriffen werden?
Wir beklagen die Verwerflichkeit dieser Verbrechen, die Grau-
samkeit dieser Taten, und mit jeder noch so ablehnend und
distanzierend gemeinten Geste markieren wir nur die unge-
wollte Nähe der Ereignisse.
In jedem vermeintlichen Akt der Abgrenzung von diesem Ter-

ror artikuliert sich doch, wie sehr diese Erfahrung zum historischen Bestandteil unserer Identität geworden ist.
So bestätigen wir den Verlust eben jener Souveränität, die wir
so gern gegenüber denen behaupten, die sie angreifen wollten.
Wir verlieren unsere Souveränität mehr in unserer Antwort auf
den Terror als durch den Akt des Terrors selbst.

In unserer Reaktion, in unseren Gesten der Rache ersetzen wir
nur mangelhaft das, was eigentlich unsere Subjektivität ausmachte. Wir selber verlängern so unfreiwillig die eigene Opfer-
rolle, wir verlängern die Vergangenheit und werfen sie der Gegenwart vor (»States of Injury«, S. 73).

Ich weiß, wie einladend diese Reaktion ist.
Wie nahe liegend dieser Rückzug in die eigene Verwundung.
Ich weiß, warum wir immer wieder und immer noch in dieses
Verhaltensmuster verfallen.
Wir wollen erst, dass diese Versehrungen anerkannt werden,
wir wollen bestätigt bekommen, dass es Unrecht war, dass es
Leid verursacht und dass es uns geprägt hat.
Und solange uns das Unwissen noch quält, solange das schüt-
zende Schweigen andauert, solange scheint es unmöglich, das
Loslassen.

Solange bleiben wir verhaftet in dieser Vergangenheit, in dieser
verwundeten Identität.
Die Melancholie wird zu einem eigenen Heimatland der Fantasie. Wir bewegen uns in ihren vorgezeichneten Grenzen und
können sie nicht verlassen. Wir laufen die immer selben Wege
darin. Wir vertiefen die Spuren, die die anderen hinterlassen
haben. In uns.
Und es *gibt* ja auch etwas zu betrauern. Wir *haben* ja auch
etwas verloren.

Einen geliebten Menschen, ein Leben, das ein gemeinsames gewesen wäre, eine Geschichte, die anders zu erzählen gewesen
wäre.

Einige Tage, nachdem Alfred Herrhausen ermordet worden
war, schickte ein Freund der Familie ein kleines Päckchen nach
Bad Homburg. Vielleicht brachte er es auch persönlich vorbei.
Das weiß ich nicht mehr genau. Jedenfalls war es auf einmal
da. Es wanderte von Hand zu Hand wie Brot, von dem sich
jeder ein Stück bricht. Es war ein dünnes Taschenbuch mit
Gedichten. Den Namen des tschechischen Dichters, Jan Skacel,
hatte ich nie gehört. Es hieß »wundklee«, und schon bald lag es
neben meiner Matratze im ersten Stock. Reiner Kunze hatte
die Vierzeiler übertragen und an ihnen entlang hangelte ich
mich durch den Tag – eigentlich hangele ich mich an ihnen
durchs Leben seither. Das Bändchen ist mittlerweile vergriffen.
Und ich hüte mein zerfleddertes Exemplar wie eine antiquari-
sche Kostbarkeit. Als meine Mutter vor einiger Zeit starb, fand
ich in ihrer untersten Nachttischschublade einen alten »wundklee«, den ich ihr anscheinend 1989 geschenkt hatte.
Ich habe es mitgenommen.
So habe ich jetzt ein Ersatz-Exemplar.
Für alle Fälle.
Darin heißt es:
»alles schmerzt sich einmal durch bis auf den eignen grund/
und die angst vergeht/ schön die scheunen, die nach längst
vergangenen ernten/ leer am wegrand stehn«
Wir haben ihn uns immer gesagt, diesen Satz:
»alles schmerzt sich einmal durch bis auf den eignen grund«
Und gewartet, dass es einträfe, dieses »einmal«.

Es ist an der Zeit.

Sie müssen reden.

Wir müssen sie reden lassen.

Nur so können wir hervorgehen aus der Ungewissheit und nur so können sie selbst hervorgehen aus der Stille.

Und befreien uns gegenseitig.

Von der Vergangenheit. Und voneinander.

Damit wären die Verbrechen nicht vergessen.

Damit wären die Taten nicht verharmlost.

Aber das Eis könnte zu schmelzen beginnen.

Vermutlich würde die Trauer wieder aufbrechen.

Vermutlich würde es reißen in der Lunge wie das erste Luftholen nach einem zu langen Tauchgang.

Aber wir könnten wieder zu atmen beginnen.

Frei.

KOMMENTARE

Winfried Hassemer

WOHIN MIT DER RAF?

Bemerkungen zu Carolin Emckes
»Stumme Gewalt«

Der rote Faden dieses Essays heißt Aufklärung: erzählen, sprechen, sagen, wie es wirklich gewesen ist mit den Taten der Roten Armee Fraktion. Das stellt sich in drei Erscheinungsweisen dar (unten 1. a.-c.), wird immer wieder gewendet, begründet, phantasiert, herbeigesehnt, aber auch in Zweifel gezogen. Aufklärung ist das große Versprechen; sie ist der Weg aus dem eisigen Schweigen. *Es schafft einen ganz eigenen Raum um sich herum, dieses Schweigen, in den werden wir eingeschlossen: Täter und Opfer zugleich. Die Stille verfestigt sich wie eine Eisschicht. Darin eingefroren, vergeht die Zeit ohne uns.*

Hier geht es nicht bloß um Erinnerung, um Wissenwollen; hier geht es um Aufklärung in einem anspruchsvollen, emphatischen Sinn: um Vergewisserung über die persönliche und soziale Erfahrung, über die Normen, an die man sich immer noch und ohne zu zweifeln halten darf, um den Wiederbeginn vernünftigen Handelns, wenn das Eis endlich geschmolzen ist. Der Motor dieses Versuchs der Vergewisserung ist ein starker Glaube an die Macht des Sprechens. *Ohne die Wahrheit werden wir uns nicht lösen können. Nicht von dieser Geschichte und nicht voneinander. Deswegen sollen die Täter und ihre Mitwisser sprechen. Sie müssen von den unaufgeklärten Fällen sprechen, die Autorenschaft zuordnen und den Her-*

gang schildern. Sie müssten ent- und belasten, sich selbst und andere. Sie müssten die Puzzleteile, die losen, zusammenfügen und die Geschichte denen zurückgeben, die sie geschrieben haben, und denen, die sie erlitten haben: uns.

1. Wünsche, Vorschläge, Forderungen

a. Der Wunsch nach Aufklärung formuliert sich zuerst einmal gleichsam privat, in Vorstellungen, Träumen, Wünschen; er richtet sich an die Täter als wirkliche oder imaginierte Personen. Er will wissen, wer Herrhausen und die anderen ermordet hat, wie, warum; dieser Wunsch ist von Zweifeln umgeben, ob das denn gelingen kann: Die Täter werden nicht reden, und wenn, dann werden sie lügen oder ihre alten Statements wiederholen. *Oft habe ich mich gefragt, ob ich die Täter besuchen könnte. Im Gefängnis. Wieder und wieder habe ich mir die Szene ausgemalt. Wie wir voreinander säßen. Die Hände auf einem Tisch zwischen uns,* und das Gespräch misslingt am Ende: *Mit einem Tisch zwischen uns. Und der Scham. Gesprochen haben wir dabei kein einziges Wort. Wie sollten sie auch reden? Ohne sich selbst zu belasten?*

b. Der Wunsch nach Aufklärung tritt sodann auf als wohlbegründete Forderung an die Täter der RAF. *Bis heute ist es das, was ich verlange: ein Gespräch, in dem mir die Gründe auseinandergesetzt werden und in dem sich die Täter Einwänden und Kritik stellen. Bis heute ist es das, was ich unverzeihlich finde: das Schweigen.* Diese Forderung beruft sich auf die damaligen Einlassungen der Gruppe, auf ihr geäußertes Selbstverständnis, und nimmt sie beim Wort. *Wer behauptet, aus politischen Motiven heraus zu töten, wer sein eigenes Handeln in eine komplexere politische Vision bettet, wer das Morden als Widerstand begreift, wer zur Gewalt lediglich ein in-*

strumentelles Verhältnis herstellt, der muss den begangenen Mord auch öffentlich erklären, muss sich einem öffentlichen, kontroversen Diskurs auch stellen. Worin sonst sollte der politische Charakter des Tötens bestehen? Der so vorgetragene Wunsch nach Aufklärung kommt mit starker Begründung daher und führt keine Zweifel an seiner Berechtigung mit sich.

Er gipfelt in der Fantasie, Silke Maier-Witt, zu der die Autorin einen Zugang gefunden und die sie nachhaltig und positiv beeindruckt hat, könnte die Täterin sein. *Manchmal habe ich mir gewünscht, sie hätte meinen Freund ermordet. Sie wäre an dem Mord beteiligt gewesen. Nicht, weil ich ihr diese Tat zuschreiben möchte. Sondern weil sie den Mut gehabt hätte zu sprechen.* Dringlicher kann sich der Wunsch nach Aufklärung kaum formulieren.

c. Und endlich entwickelt sich der Wunsch nach Aufklärung zu einer gesellschaftlichen, politischen, rechtlichen Forderung nach einem öffentlichen Diskurs, einer Debatte, einem Forum. *Aber ohne eine öffentliche Debatte verbliebe eine Aufklärung der Geschichte der RAF in einem ahistorischen Raum.* Das Gespräch soll sich manifestieren und sich dann auch ereignen können in einer Institution, jedenfalls einer Organisation, einer offenen, aber sichtbaren und hörbaren Einrichtung, einem »Forum der Aufklärung«... *Dafür braucht es ein öffentliches Forum, einen Ort jenseits des Strafrechts, an dem diese Geschichte der Bundesrepublik, die Geschichten der Täter und der Opfer, erzählt werden können. Das muss kein stabiler Ort sein, keine dauerhafte Institution. Sondern nur ein zeitlich begrenztes Forum...* Also wiederum nur einer der bekannten Gesprächskreise und Forschungszirkel, wie sie sich ja auch schon häufig mit der Geschichte der RAF und mit Auswegen aus dieser Geschichte beschäftigt haben? Nein:

Diese Forderung nach einem »Forum der Aufklärung« gewinnt ihre Originalität durch die zwingende Beteiligung der Täter, und zwar der entdeckten wie der nicht-entdeckten. Nicht (nur) Experten werden sprechen, sondern vor allem Beteiligte – und zwar öffentlich. *Manchmal wünschte ich mir, sie sprächen leise, beinahe für sich, aber so, dass ich es hören könnte. Manchmal wünschte ich mir, sie könnten flüstern.* Das Sprechen »beiseite« ist ein Durchgangsstadium der Selbstvergewisserung; es reicht aber nicht aus, um sich *von dem elitären Wahn einer Avantgarde* zu lösen: *Sie müssen ... öffentlich sprechen. Erst beim öffentlichen Sprechen verorten sie sich und ihr Denken wieder in der sozialen und politischen Textur der Gesellschaft, aus der sie sich selbst ausgeschlossen haben, bevor sie eingeschlossen wurden.*

d. Der Preis, den die Autorin für diese Prozesse der Aufklärung zu zahlen bereit ist, ist hoch. Dass, wer als Täter – entdeckt oder nicht – von seinen Taten spricht, sich manifest selber gefährdet, liegt auf der Hand. Dass bislang niemand irgendeinen der Täter aus der RAF förmlich am Reden gehindert hat, ebenfalls. Was also soll die Adressaten des Wunsches nach Aufklärung jetzt dazu bringen zu reden? Man muss ihnen großzügige, weitreichende und dauerhafte Angebote auf Freistellung machen. *Sie sollen gehen dürfen. Frei sein. So frei, wie man sein kann, wenn man Schuld auf sich geladen hat. Aus dem Gefängnis sollen sie entlassen werden. Aber reden sollen sie vorher. Bitte. ... Amnestie für ein Ende des Schweigens. Freiheit für Aufklärung. Die Täter werden aufgefordert, aus ihren Verstecken, aus ihrer Stille hervorzutreten und sich zu stellen. Keiner Anklage. Keiner Haftstrafe. Sondern ihrer eigenen Geschichte. Sie werden eingeladen, aus dem Schatten ihrer Taten zu treten und sie preiszugeben, sie denen zu geben, denen sie auch gehören. Den Opfern.*

Aber vielleicht ist der Preis ja gar nicht so hoch, wie es auf den ersten Blick aussieht. Vielleicht ist er hoch nur für die Strafrechtsordnung, für die Gesetze, den Rechtsstaat, nicht aber für die Bürger oder die Verbrechensopfer? *Gewiss: Es ist dem Rechtsstaat ein Bedürfnis, dass die Täter verurteilt werden. Und dass die Strafe abgesessen wird. Aber mir? Ob sie zehn oder fünfzehn Jahre in einer Zelle eingesperrt sind? Oder zwanzig? Zwanzig scheinen so unangemessen wie zehn. Die Strafe steht ohnehin in keinem Verhältnis zum Verlust. Wie sollte sie auch.*

Das ist eine seltsame Flucht vor dem doch nicht so abwegigen Argument, man dürfe den Tätern so weit aber nicht entgegenkommen, etwa weil man die, die ihre Strafe verbüßt haben, und die, die bisher unentdeckt gelebt haben, auf diese Weise flagrant ungleich behandelt oder weil man mit diesem Angebot weitere allgemeine Anreize zum Verbrechen setzt; und, bei aller Unangemessenheit des Abwägens von Jahren im Gefängnis mit dem Verlust der Angehörigen: Stünden die Verbüßung einer zwanzigjährigen Freiheitsstrafe und die befreiende Beteiligung an einem »Forum der Aufklärung« nicht vollends außer Verhältnis?

Auch wird eine seltsame Unterscheidung zwischen Rechtsstaat einerseits, Bürgern und Verbrechensopfern andererseits getroffen – als sei der Rechtsstaat eine Rechenmaschine ohne Sinn für das, was da verrechnet wird, als ticke er ganz anders als die Menschen. Beides wird uns hier immer wieder beschäftigen, denn beides wäre schlimm.

2. Hintergründe, Linien

Zuerst einmal aber halte ich fest, dass die Forderungen und Vorschläge des Essays ganz gut in die derzeitige Landschaft des Strafrechts und seiner Politik passen. Sie atmen denselben Geist wie

- zahlreiche Versuche, nach einem Systemwechsel wieder mit den Normen zurechtzukommen, die systematisch gebrochen worden sind (a.),
- ein neues Verständnis vom Sinn der Strafe (b.),
- eine moderne Orientierung des Strafrechts am Verbrechensopfer (c.) und
- eine allgemeine Tendenz, die Tatbestände und die Rechtsfolgen des Strafrechts zu flexibilisieren (d.).

a. In vielen Rechtskulturen auf der ganzen Welt und nun auch in einer weltweiten wissenschaftlichen Auseinandersetzung darüber kommt nach und nach zum Bewusstsein, dass viele nationale Rechtsordnungen vor einem Problem stehen oder standen, das sie auf ganz unterschiedliche Weise lösen: Sie haben ein rechtsverletzendes System überwunden und fragen sich nun, wie sie die »Systemkriminalität«, die »staatsverstärkten Verbrechen« verarbeiten sollen, deren Täter noch unter ihnen leben: Folterungen, Verschwindenlassen, Genozid, Mauerschützen.

Die Reaktionen sind weit gestreut. Manchmal geschieht gar nichts, manchmal reicht es aus, die neuen Personen der Zeitgeschichte auf ihre Vergangenheit vor dem Systemwechsel hin zu durchleuchten, manche Gesellschaften ziehen einige public figures vor Wahrheitskommissionen und setzen sie unter Aussagezwang mit Freiheitsversprechen, manche Rechtsordnungen entschädigen die Opfer, manche bestrafen die Täter. Alle aber stehen vor einer zentralen Frage: Wie konnte es dazu kommen und wie sehen die Normen aus, die das alte Unrecht, das sich als Recht manifestiert hatte, nunmehr verlässlich markieren und gerecht ausgleichen können? Wie darf der Rechtsstaat auf systematisch eingerichtetes Unrecht antworten?

Aber Achtung: Die Rote Armee Fraktion hat keine »staatsverstärkte Kriminalität« begangen – im Gegenteil, sie hat das

»Schweinesystem« angegriffen; deshalb darf man eine Analo-
gie zu »Wahrheitskommissionen« und ähnlichen Einrichtungen nach einem Systemwechsel nur mit spitzen Fingern be-
treiben.

Die Kriminalität der RAF lässt sich andererseits aber auch
nicht der alltäglichen, eigennützigen Kriminalität zuordnen,
und dieser Unterschied führt dann zu ganz ähnlichen Fragen;
in diesem zentralen Ziel der Vergewisserung (oben vor 1.)
kommen die Gesichtspunkte und Erfahrungen der Verarbei-
tung von Systemkriminalität und Kriminalität der RAF überein: Die Täter der RAF waren nicht darauf aus, sich zu be-
reichern wie der Dieb oder der Konkursbetrüger, den die
Norm, die er verletzt, nur faktisch interessiert: als hindernde
Schwelle dieser seiner Tat (während er jenseits seiner Tat
durchaus einverstanden ist, dass das Strafrecht auch ihn
schützt als mögliches Opfer von Betrug, Diebstahl oder Gewalt). Die Täter der RAF hingegen haben, neben den Hand-
lungsobjekten ihrer Taten, durchweg auch die Normen angegriffen, die diese Objekte schützen sollten. Sie haben die
normative Ordnung offen bekämpft, innerhalb und außerhalb des Strafrechts, sie wollten sie nicht nur heimlich unter-
laufen oder austricksen. Sie waren, nach einem alten Ausdruck, »Überzeugungstäter«. Sie nahmen ihre Opfer nicht
als Personen wahr, sondern als »Repräsentanten«, als Träger
einer Funktion, sei es als Politiker und Wirtschaftsführer, sei
es als Fahrer und Sicherheitsbeamter; sie haben sie entperso-
nalisiert, auf eine Funktion reduziert. Die RAF hat nicht nur
kriminalistische, sie hat auch normative Horizonte besetzt.

Deshalb setzt »Stumme Gewalt« richtig an: Verbrechensopfer der RAF sind nicht nur die Toten, die Verletzten und die
Angehörigen; Verbrechensopfer sind wir alle, die wir mit
Gründen an den Normen festhalten wollen, um deren Verletzung und Beseitigung es damals gegangen ist; deshalb ist die

deutsche Öffentlichkeit am Disput über diese Normen unmittelbar beteiligt. Und deshalb gehört auf die Agenda dieses
Disputs beispielsweise auch die Frage eines Sonder-Rechts
für Sonder-Täter (die übrigens schon zu RAF-Zeiten diskutiert worden war): Ist es gerecht – oder auch nur zweckmä-
ßig –, Feinde der Rechtsordnung auch im Strafrecht als
Feinde zu behandeln: ohne die Rücksichten, die das rechtsstaatliche Strafrecht auf die Täter nimmt, ohne Garantien wie
Sorgfältigkeit der Ermittlungen oder Verhältnismäßigkeit
der Strafe – als »Feindstrafrecht« eben? Oder sollten wir am
Traum jeder modernen Rechtsordnung festhalten: ein Strafrecht für alle zu garantieren, auch für die Feinde der Rechtsordnung, und nicht mit denjenigen Mitteln zurückzuschla-
gen, mit denen sie uns geschlagen haben?

b. Unsere Strafrechtsordnung und unsere Vorstellungen
vom Sinn der Strafe unterscheiden sich greifbar von der ein-
gerosteten Mechanik: Vergelten, Sühnen, Abschrecken, Bes-
sern. Wir stehen nicht vor einem simplen Gegenüber von
Staat und Täter. Wir sehen den Rechtsstaat nicht nur als Ker-
kermeister, der dafür zu sorgen hat, dass jeder nach seinem
Verdienst bestraft wird und dass er die Strafe auch absitzt
(oben 1.d.); schon immer gehört zu unserem Begriff von
»Rechtsstaat« nämlich nicht nur die Verbrechensbekämp-
fung, sondern auch – und nachdrücklicher noch – die Verbre-
chensbekämpfungsbegrenzung, also die Pflicht, Maß zu halten.

Darüber hinaus hat sich unser Blick geweitet. Wir sehen
die staatliche Strafe auch als ein Instrument sozialer Kontrolle an, das mitwirkt an Prozessen der Enkulturation und
der langfristigen Sicherung fundamentaler Normen des Zu-
sammenlebens. Wir meinen, die Abschreckung verbrechens-
geneigter Leute durch Strafdrohung sei für einen vernünftigen Sinn der Strafe zu kurz gegriffen; vielmehr komme es

darauf an, auch mit den strafrechtlichen Mitteln der Verfolgung, Verurteilung und Bestrafung sicherzustellen, dass die verletzte Norm sich in der Wahrnehmung der Menschen wieder herstellt, dass der Rechtsbruch nicht einfach hingenommen wird und folgenlos bleibt, dass eine stetige und gleichmäßige Strafjustiz das Vertrauen in die Stabilität und die Gerechtigkeit unserer Normen erhält und stärkt. Und dass zu diesen Normen auch das strafrechtliche Verfassungsrecht gehört: die Garantien rechtlichen Gehörs etwa, des gesetzlichen Richters oder der schuldangemessenen Strafe.

In diesem Kontext passt die unter Strafrechtlern weitverbreitete Meinung, das staatliche Strafrecht erlaube nicht nur Strafen für Schuldige und Maßregeln für Gefährliche, sondern – als dritte Spur – auch Wiedergutmachung von krimineller Beschädigung. Manche halten die dritte Spur gar für den Königsweg eines modernen Strafrechts: Schließlich würden die eingreifenden Instrumente überflüssig, wenn sich der Rechtsfriede schon durch Schadensausgleich wiederherstellen lasse. Der Ausgleich zwischen Täter und Opfer, mit dem die Strafjustiz und die sie begleitenden Wissenschaften mittlerweile viele Erfahrungen gesammelt haben, sei eine schonende und überdies wirksamere Befriedung als die Bestrafung des Täters. Das leuchtet ein unter der Voraussetzung, dass man »Ausgleich« und »Schaden« nicht zu schlicht und bloß ökonomisch versteht – hat es das Strafrecht doch in erster Linie nicht mit Geld, sondern mit normativen Erwartungen zu tun, deren Enttäuschung man nicht so einfach wiedergutmachen kann wie den Bruch eines Schienbeins.

Überdies lässt sich Wiedergutmachung – im Strafrecht – nicht bloß als kalte Zahlung denken; hier geht es auch um Umkehr, um Entschuldigung, um eine personale Leistung. Und endlich muss die Strafjustiz – was ihr durchaus gelingen kann – dafür sorgen, dass im Verfahren des Täter-Opfer-Ausgleichs die Beteiligten nicht durch kommunikative Übermacht der anderen Seite beschädigt werden, und sie muss sich bewusst sein, dass dieses Verfahren – im Strafrecht – nicht nur zwischen Täter und Opfer abläuft, sondern dass wir alle mittelbar beteiligt sind; es geht schließlich nicht nur um die Beschädigung des Täters, sondern um die Beschädigung von Normen, die für uns alle lebenswichtig sind.

Das alles zeigt, dass die Perspektiven von »Stumme Gewalt« von dem, was wir unter »Rechtsstaat« verstehen, gar nicht so weit entfernt sind, wie das bisweilen anklingt. Der Rechtsstaat ist keine Rechenmaschine, die Strafquanten zuteilt und vollstreckt (oben 1.d.), sondern eine komplexe, eine bewegliche und auch diskursive Einrichtung, die nach Möglichkeiten Ausschau hält, um Verhältnismäßigkeit von Eingriffen, Schutz und Schonung der Beteiligten zu gewährleisten. Der Rechtsstaat ist offen für die Suche nach Mitteln, die geeignet sind, die Ziele des Rechts verlässlich, aber ohne übermäßige Belastung zu erreichen.

c. »Stumme Gewalt« hat eine klare Blickrichtung: die des Opfers – sowohl des Angehörigen als auch der mitbeteiligten Öffentlichkeit, damals und heute. Die Täter bleiben, bis auf Einzelheiten (oben 1.b.), blass. Das ist nicht weiter verwunderlich; es ist die Perspektive einer Person, die damals verletzt worden ist, und sie verdankt sich dem kommunikativen Schatten, in dem die Täter der RAF sich aufhalten, die im Gefängnis und die in Freiheit. Für das Strafrecht freilich ist es bemerkenswert: Die Blickrichtung des Opfers ist ihm nicht in die Wiege gelegt.

Das Strafrecht ist herkömmlich »Täterstrafrecht«, und das hat seine guten Gründe in seiner Entwicklung und in der Verfassung. Das neuzeitliche Strafrecht entsteht mit der Etablierung einer zentralen Staatsgewalt, die imstande ist, ein Gewaltverbot auch gegenüber dem Verletzten und auch

dann durchzusetzen, wenn der dem Verletzer faktisch überlegen ist. Ohne staatliches Gewaltmonopol, das die am Straf-
rechtskonflikt Beteiligten voneinander trennt und sie einem
fremden, einem ihnen übergeordneten normativen Regime
unterwirft, gibt es keine Kriminalpolitik, keine langfristige
Orientierung darüber, woran sich die Leute halten sollen, wie
man das durchsetzt und was man mit denen tut, die sich daran nicht halten. Ohne Gewaltmonopol gibt es keinen gesi-
cherten Rechtsfrieden. Im Strafrecht lautet die überkom-
mene Botschaft des Gewaltmonopols gegenüber dem Staat:
Neutralisiere das Opfer, besetze seine Perspektive und tu, was
für alle vernünftig ist – für das Opfer, für den Täter, für die
Rechtsgemeinschaft der Bürger. Soweit dir das misslingt, gibt
es keine Strafrechtsordnung.

Die Macht, die dem Staat damit zugewachsen ist, wird
frühzeitig von strafrechtlichen Garantien, später von der Verfassung gebremst, die die Grundrechte als Abwehrrechte gegen den Staat, den zugleich nährenden und gefährlichen Leviathan, einrichtet: Recht auf Freiheit und Eigentum, aber
auch auf ein faires Strafverfahren, auf Unschuldsvermutung,
auf Rekurs gegen Verurteilung, auf Gehör vor Gericht oder
auf professionelle Verteidigung. Adressat ist vor allem der
mächtige und bedrohliche Staat, Benefiziaten sind vor allem
der Bürger, der Beschuldigte, aber auch der Verurteilte. Das
Opfer, dessen Neutralisierung im modernen Staat faktisch
gelungen ist, verschwindet auch diskursiv immer mehr aus
der Perspektive von Strafrecht und Kriminalpolitik; seine In-
teressen werden ins Recht des Schadensersatzes, der Versiche-
rungen, des Sozialen verlagert. Opferperspektiven machen
sich politisch zwar immer wieder bemerkbar: von sexueller
Gewalt bedrohte Frauen, Taxifahrer, Kinderschutzbünde; zu
einem Perspektivenwechsel führt das aber lange nicht.

Dieser Perspektivenwechsel ist nunmehr da. Seit einigen

Jahrzehnten setzt sich eine Opferorientierung auch im Strafrecht durch, die nicht nur zu Gesetzesänderungen wie einer Ausstattung der Nebenklage des Verletzten im Strafverfahren oder zu Formen der Wiedergutmachung (oben 2.b.) führt, sondern vor allem zu einem fundamentalen Umdenken über die Rollen von Bürgern, Tätern und Opfern. Dieses Umdenken hat tiefe Quellen. Sie liegen im Heraufkommen einer Sicherheitsorientierung in der modernen Risikogesellschaft, in der neuen bürgerlichen Wahrnehmung des Staats als eines Partners im Kampf um Sicherheit anstatt eines Bedrohers der bürgerlichen Freiheit, in der Betrachtung der Grundrechte, die ihre Funktion als Abwehrrechte gleichsinnig mit dem Funktionswandel des Staates verlieren. Dass es ein »Grundrecht auf Sicherheit« geben soll (anstelle der überkommenen Vorstellung, die Herstellung von Sicherheit sei gegen die damit einhergehende Einschränkung von Grundrechten abzuwägen), macht sinnfällig, dass das Opfer mittlerweile eine zentrale Stelle im System der Verfassung besetzt.

Die Quellen des Umdenkens münden in eine neue kommunikative Selbstverständlichkeit. Danach bedürfen nicht mehr nur der vom Leviathan bedrängte verdächtige Bürger oder der verurteilte Straftäter unserer normativen Sorge, sondern vielmehr auch das unschuldige Opfer, das von Kriminalität bedroht oder verletzt ist. Rücksichten auf das Verbrechensopfer, das reale und das potentielle, gehören heute zur Ausstattung des strafrechtlichen Diskurses und treiben die Kriminalpolitik. »Stumme Gewalt« passt in diese Betrachtungsweise; sie kommt seinen Ausgangspunkten und seiner Zielsetzung wohlvorbereitet und freundlich entgegen.

d. Endlich gibt es noch einige aktuelle Grund- und Entwicklungslinien der Verfassung und des Strafrechts, die nahe legen, dass »Stumme Gewalt« mit seinen rechtlichen Vorstellungen und Vorschlägen nicht auf eine abweisende Front rechtsdogmatischer Traditionen treffen wird, sondern vielmehr auf Aufmerksamkeit und kritische Neugier. Nicht nur das moderne Strafrecht ist darauf vorbereitet, hinter den Normen deren Sinn zu erkennen und ihn in die jeweilige Wirklichkeit zu übersetzen.

Das wird beglaubigt etwa durch das ehrwürdige Institut der Gnade. Es ist kein Relikt aus vormoderner Zeit, das uns heute nichts mehr zu sagen hätte – im Gegenteil: Es lässt sich verstehen und handhaben als diejenige Stelle im System des Rechts, da das Recht seine Grenzen erkennt und daraus eine nicht nur theoretische, sondern höchst reale Konsequenz zieht. Gnade korrigiert Anordnungen des Rechts unmittelbar und kraftvoll, steht aber selber jenseits allen Rechts. Sie kann Rechtsfolgen endgültig abräumen auf Wegen, die einem Rechtssystem fremd, ja skandalös wären: Sie wird nicht von rechtlichen Instanzen ausgeübt, sie macht sich nicht öffentlich, sie bedarf keiner Begründung, sie widersteht jedem Rechtsmittel. Sie ist eine Korrektur rechtlich angeordneter Wirklichkeit von jenseits des Rechts: Sie ist der sprechende Beleg für die Fähigkeit des Rechtsstaats, im Einzelfall folgenreich und ohne Rechtsbindung zu intervenieren, ein Beleg für seine Offenheit und für seine Kraft.

In der Theorie von heute, in der Praxis aber sicherlich schon von vorvorgestern existiert eine methodische Anweisung an den Richter zur Auslegung der Gesetze: Er solle sich nicht nur an Wortlaut, System, historischen Zweck und vernünftigen Sinn des Gesetzes halten, sondern auch die Folgen seiner Entscheidung aufklären und bedenken und diese Entscheidung notfalls an ihren schlechten Folgen korrigieren. Für mich ist diese Regel der Folgenberücksichtigung ein Anzeichen dafür, dass der Vorwurf an die Juristen, sie walzten mit dem Grundsatz »summum ius, summa iniuria« notfalls jede lebensweltliche Wirklichkeit nieder, um ihre dogmatischen Traditionen zu exekutieren, eine laienhafte Verschwörungstheorie ist. Nicht nur in dieser Regel, sondern beispielsweise auch in den gesetzlichen Anweisungen für eine lebensnahe und gerechte Strafzumessung scheinen das Bemühen, das Recht zur Wirklichkeit hin offen zu halten, und die Überzeugung auf, dass die eigensinnige Vernunft der Wirklichkeit das Recht auch belehren kann.

Mit deutlich gedämpfter Begeisterung habe ich, der Vollständigkeit halber, noch eine Entwicklung vor allem in der Strafrechtspraxis und der Kriminalpolitik zu erwähnen, die ebenfalls eher flexible Reaktionen auf Vorstellungen verspricht, wie sie in »Stumme Gewalt« zu finden sind, die also in den Kontext passt. Es geht um die seit Jahren anhaltende und sich noch ausweitende Tendenz, die Instrumente des Strafrechts, seine Sprache, seine Rechtsfolgen und seine Verfahren, die von Verfassungs wegen besonders genau bestimmt sein müssen, zu flexibilisieren, sie geschmeidiger zu machen und die Möglichkeiten ihrer Anwendung zu erweitern. Beispiele sind ausgedehnte Strafrahmen und Begriffe mit weiten semantischen Spielräumen, aber auch großflächig formulierte Rechtsgüter oder die Möglichkeiten, im Strafverfahren das Ergebnis auszuhandeln, ohne dass man die notwendigen Einzelheiten zuvor lege artis aufgeklärt hätte. Die Gründe dieser Tendenz liegen auf der Hand und brauchen uns hier nicht weiter zu beschäftigen; es geht um Steigerungen justizieller Ökonomie und Effizienz durch Rückbau schützender Formen. Die Wirkungen aber passen hierher: Das System des Strafrechts hat sich von einer Input- zu einer Output-Orientierung hin entwickelt, es ist weniger begriffs- als folgenorientiert, es hat seine Fenster zur Außenwelt weiter geöffnet – auch für Vorschläge, wie sie hier gemacht werden.

3. Chancen, Risiken, Fragen

Ich benutze drei Hinsichten, um die Möglichkeiten konkreter in den Blick zu bekommen, die ein »Forum der Aufklärung« in unseren Tagen haben könnte, um die Risiken zu bestimmen, die es dabei läuft, und die Fragen zu stellen, die noch beantwortet werden müssen. Es geht um die Konzeption des Projekts vor dem Hintergrund der allgemeinen Entwicklung in Verfassung und Strafrecht (a.), um die Pragmatik seiner Einrichtung (b.) und um Grenzen des Handelns, die sich aus der Rechtlichkeit von Staat und Gesellschaft heute ergeben (c.).

a. Die Chancen des Essays, im Strafrecht und im Verfassungsrecht konzeptionell Gehör zu finden, sind, wie wir gesehen haben (oben 2.), gut; seine Vorschläge passen in die Landschaft. Sie passen dorthin jedenfalls weit besser als der Text und vor allem der Subtext des Essays es nahelegen. Wann immer diese Texte auf das Recht zu sprechen kommen, vermitteln sie den Eindruck des Dunklen, des Drohenden, des Hermetischen, des Unbeweglichen, des Sprachlosen. Ich war oft an Kafka erinnert. Die Texte ziehen eine scharfe Linie zwischen dem Recht einerseits, der Alltagsvernunft, den Gefühlen der Menschen und ihren Erfahrungen, den gesellschaftlichen Entwicklungen und den politischen Notwendigkeiten andererseits. Das Leben spielt auf der anderen Seite.

Nicht nur hintergründig, sondern auch an Beispielen und Entwicklungen handgreiflich lässt sich, wie ich hoffe, zeigen (oben unter 2.), dass es diese scharfe Linie nicht gibt oder dass sie jedenfalls nicht dort verläuft, wo sie gezogen ist.

Gewiss ist das Recht nicht einfach das Abbild des Lebens, sonst brauchten wir es nicht; es ist der Versuch, das Leben zu umhegen wie etwa im Familienrecht, es vor massiven Gefahren zu schützen wie etwa im Strafrecht, es zu meistern wie etwa im Sozialrecht. Immer setzt sich das Recht in eine Distanz zum Leben, sonst könnte es schon gar nicht regeln. Immer aber muss das Recht das Leben, das es regelt, im Auge behalten, es muss das Leben möglichst vollständig und möglichst richtig sehen, weil seine Regeln sonst stören oder gar zerstören könnten. Das gilt für das Steuerrecht nicht anders als für die rechtliche Aufarbeitung der Kriminalität der Rote Armee Fraktion.

b. Wie ein »Forum der Aufklärung« praktisch funktionieren könnte, welche Rahmenbedingungen vonnöten sind, damit es anfängt, dauert und die Erkenntnisse und Ereignisse wirklich zutage fördert, die das Eis zum Schmelzen bringen, ist derzeit ganz offen. Ich will über Einzelheiten nicht spekulieren, sondern nur festhalten, dass bei einer Einrichtung wie dieser nicht nur die Programmatik, sondern auch die Pragmatik entscheidend sein wird für ihr Gelingen:

Ein solches Forum siedelt auf einem schmalen Grat zwischen Einrichtungen, die es schon gegeben hat und noch gibt und von deren Feldern es sich schon deshalb fernhalten muss; es darf kein unverbindlicher Gesprächskreis sein (oben 1.c.), und es darf kein verbindlicher Strafprozess sein. Es muss seine eigene Logik finden und in Einzelheiten umsetzen.

Und es muss, als zwingende Voraussetzung einer gelingenden Pragmatik, sein Ziel konkretisieren und dann Wege markieren, auf denen es das Ziel erreichen will; das mag alles als vorläufig entworfen und veränderlich gehalten werden, es muss aber eine Kontur haben. Herz dieser Überlegungen könnten das Verständnis von »Wahrheit« und die Wahl der Mittel sein, mit denen das Forum sie ans Licht bringen will. Das ist ein weiter und beschwerlicher Weg, an dessen Ende möglicherweise ernüchternde Ergebnisse warten, wie zwei Schlaglichter zeigen sollen:

Unverbindliche Treffen mit unverbindlichen Reden passen auch dann nicht zum Konzept von »Stumme Gewalt«, wenn sie auf sauberer wissenschaftlicher Grundlage stattfinden und von geprüften Erkenntnissen belehrt sind. Das Forum verlangt (oben 1.c.) die Anwesenheit der Täter und deren kommunikative Teilnahme als handelnde Individuen und geht sogar so weit, dies als Teil ihrer Bestrafung zu verstehen: *Das, scheint mir, ist die größte Strafe, die ihnen zuteil werden konnte. Das muss schlimmer sein als das Leiden hinter verschlossenen Toren. Sie müssen sprechen. Für sich allein. Nicht für die anderen. Als Individuum.*

Die Nachfragen liegen auf der Hand: Ist das eine Befugnis zu zwingen – zum Erscheinen, zum Reden, gar zur »individuellen« Rede? Wer darf zwingen, aufgrund welcher Legitimation, mit welchen Mitteln und unter welchen Voraussetzungen? Gibt es Gründe, solche Reden als Weg zur »Wahrheit« zu begreifen?

Mit der Begründung und Verleihung einer solchen Befugnis zu zwingen hätten wir die Grenze zum Polizei- oder Strafrecht überschritten, wir wären in einer Art Strafprozess angekommen. Wir wären mit diesem Schritt aber vermutlich der Erkenntnis von »Wahrheit« nicht nähergerückt. Denn man darf nicht einfach erwarten, dass solche Settings das ans Licht bringen, was geschehen ist. Gesteht man, was rechtlich naheliegt (unten 3.c.), den jeweils Betroffenen das Recht zu, sich unter bestimmten Bedingungen zu verschweigen, so ist das Ergebnis der Wahrheitssuche ein Flickenteppich. Aber auch ohne diese Einschränkung muss das Forum mit verfestigten Vorverständnissen, Lebenslügen, falscher Rhetorik, Absprachen, verzerrter Wahrnehmung und Fehlinformationen rechnen. Ich würde – beim derzeit absehbaren Stand seiner konkreten Einrichtung – auf seine Ergebnisse nicht viel geben.

c. Mit den Fragen nach einer Befugnis zu zwingen (oben 3.b.) haben wir uns dem Bereich der Rechtlichkeit genähert. Dort geht es um mehr als um Gesetzesgehorsam. Es geht um unsere Rechtskultur: um die Grenze zwischen Politik und Recht, um den Bereich, den auch eine zeitgerechte und wohlmeinende Intervention nicht betreten darf, weil er im Interesse der unmittelbar betroffenen Menschen, mittelbar aber in unser aller Interesse frei gehalten werden muss. Daß es diese Grenze gibt, ist eine der Errungenschaften des Rechtsstaats; wo sie verläuft, ist notorisch umstritten; ob ein »Forum der Aufklärung« sie überschreiten würde, ist beim derzeitigen Stand der Konkretisierung nicht absehbar. Deshalb nur eine Anregung zum Schluss:

Seit mehr als einem Jahrhundert tragen Strafrechtler wie eine Fahne ein Wort vor sich her, das ihr Fach und mit ihm einen Bestand an fundamentalen Werten des strafrechtlichen Verfassungsrechts gegenüber fremder, insbesondere politischer Intervention systematisch befestigen soll. Es stammt von Franz v. Liszt, dem Neffen des Komponisten und Pianisten, und heißt: »Das Strafrecht ist die unübersteigbare Schranke der Kriminalpolitik«. Ein stolzes Wort für Juristen in Theorie und Praxis, eine bedrohliche Parole für Politiker. Es bringt zum Ausdruck, was wir mittlerweile im Grundgesetz formuliert finden: Es gibt gewachsene Traditionen, die nicht sämtlich in den Gesetzen festgehalten sind, nicht unveränderlich, aber stabil in ihrem Bestand, akzeptiert im Alltag der Bürger, abgesichert und konkretisiert in der Rechtsprechung. Diese Traditionen sollen sich gegenüber dem politischen Interesse durchsetzen, sie sollen ihm standhalten

Die Kriminalität der Rote Armee Fraktion hat diese Art Strafrecht, jedenfalls in Teilen, von Grund auf in Frage gestellt und bekämpft; das ist ein besonderes Kapitel, das hier nicht beschrieben wird. Die Aufarbeitung dieser Kriminalität aber stellt einen der Grundsätze dieser gewachsenen Tradition in den Mittelpunkt: das faire Verfahren. Meine Anregung ist es, Konstruktion und Pragmatik eines »Forums der Aufklärung« an diesem Grundsatz auszurichten.

Die Ausgangspunkte sind einfach und klar: Wenn das Forum nicht nur ein unverbindlicher Gesprächskreis ist, zu dem man kommt oder nicht, in dem man redet oder schweigt, wenn also Anwesenheit und Rede notfalls unter Zwang durchgesetzt werden können, dann stehen Grundrechte der Betroffenen und steht die Fairness des Verfahrens auf dem Spiel (wobei im Einzelnen die Übergänge von »dringender Einladung«, »Verführung durch Entgegenkommen« und »Gewalt« zu bestimmen wären; wobei zu fragen wäre, ob dies eine »private« Veranstaltung oder ein Verfahren wäre, das sich der Staat zurechnen lassen muss). Zur Fairness des Verfahrens gehört nach unserer Rechtskultur das Recht des Beschuldigten zu schweigen, sich insbesondere nicht selbst belasten zu müssen, und jedes anderen Tatzeugen, Fragen auszuweichen, die ihn in die Nähe strafrechtlicher Haftung bringen könnten (wobei zu diskutieren und festzulegen wäre, wer in einem Forum der Aufklärung als »Beschuldigter« und wer als »Zeuge« zu gelten hätte). Diese Rechte sind nach rechtskräftiger Verurteilung oder nach Verbüßung der Strafe nicht einfach aufgebraucht; sie können auch später noch Wirkung entfalten. Strafen jedenfalls gehören nicht in die Hand von Privaten, schon gar nicht von Opfern (oben 2.c.). Und über allem liegt die Pflicht, sämtliche Teilnehmer nicht grob ungleich zu behandeln.

Es gibt viele Möglichkeiten der Einrichtung und Ausstattung eines Forums der Aufklärung, viele Varianten des Prozedierens und des Urteilens. Die Grenzen der Rechtlichkeit dürfen sie nicht verletzen.

Wolfgang Kraushaar

AUF DER SUCHE NACH DEM NARRATIV

Für die Öffentlichkeit ist ein seit Jahren unaufgeklärter Mordanschlag kaum mehr als ein ungelöster Fall, für die Angehörigen hingegen zumeist eine sich unablässig in die Psyche weiterbohrende Qual. Solange sie nicht wissen, wer ihre Nächsten umgebracht hat und warum das geschehen ist, solange können sie keine Ruhe finden. Was sich für die einen eher wie eine kriminalstatistische Begebenheit anhören mag, das ist für die unmittelbar Betroffenen begreiflicherweise ein nicht nachlassen wollender Schmerz.

Es ist vermutlich kein Zufall, dass es mit Carolin Emcke eine Angehörige ist, die nicht unmittelbar zur Familie eines Ermordeten zählt, die uns hier Einblick in ihre Gefühle und Reflexionen gewährt und uns auf diese Weise an einem Schockerlebnis und seinen Echowellen Anteil nehmen lässt. Ihre Erinnerungen sind nicht nur fragil, sie sind regelrecht zerbrochen, auseinandergebrochen. Es gibt keine Kontinuität mehr im Blick zurück. Die vergangene Zeit ist in ein Vorher und Nachher aufgespalten. Dazwischen liegt eine Lücke, eine dunkle Stelle. Das Erinnerungsvermögen hat an jenem Tag, an dem sie mit der Schreckensmeldung konfrontiert wurde, regelrecht ausgesetzt. Aus der Traumaforschung ist bekannt, dass sich das Subjekt bei einer Überforderung durch eine Ausblendung des Bewusstseins zu schützen versucht. Ganz offenbar ist das auch hier der Fall gewesen. Emcke hat mit starkem Nasenbluten auf die Nachricht reagiert und sie hat plötzlich damit begonnen zu rauchen. Alle Anzeichen deuten darauf hin, dass sich die Psyche verschiedene Ventile im Körper für die einstürzenden Schreckensbilder gesucht hat. Bewusstseinssperre, Blutung und Nikotinsucht sind Indizien für die Somatisierung eines übermächtigen Schmerzes. Und die schriftliche Fixierung dieser Traumatisierung, die nun vollzogene Wendung, damit an die Öffentlichkeit zu gehen, erscheint eher die Fortsetzung als ein bloßes Echo des Schockerlebnisses zu sein.

Im Unterschied zu anderen Angehörigen von RAF-Opfern kommt bei ihr jedoch noch ein anderer Aspekt hinzu. Es existiert eine abstrakte Verbindung zu den mutmaßlichen Mördern ihres Patenonkels. Emcke begreift sich als eine linke Intellektuelle, die ihre Magisterarbeit über das Widerstandsrecht verfasst hat und die sich nicht vereinnahmen lassen will – weder von einer verblendeten Linken noch von den Vertretern eines starken Staates. Deshalb fragt sie auch nach der Begründung für den Mordanschlag, genauer, sie versucht diese in gewisser Weise einzuklagen. Nicht etwa, weil sie glaubt, dass eine nachträgliche Legitimation möglich sei, sondern um eine Kommunikation zu eröffnen, um sich damit konkreter auseinandersetzen zu können.

Alfred Herrhausen tritt uns in ihrem Text als reine Privatperson entgegen. Das ist sicher das gute Recht der Autorin und vermutlich auch beabsichtigt. Denn ihr Bestreben kann eben nicht darin bestehen, ihrem Patenonkel im Nachhinein eine Rolle zuzuweisen und mit dieser eine abstrakte Funktion zu besetzen. Gleichwohl muss nach der ideologischen Rolle gefragt werden, die er im Visier der RAF oder anderer in Frage kommender Täter gespielt haben könnte.

In einer Titelgeschichte des *Spiegel* vom März 1989 war

Herrhausen als »Der Herr des Geldes« apostrophiert worden. Es hatte darin geheißen: »Er führt Deutschlands größte Bank, er kontrolliert den dominierenden Industrie-Komplex des Landes, und er zählt den Kanzler zu seinen Freunden: Wohl noch nie beherrschte einer die Wirtschaftsszene so souverän wie derzeit der Deutsche-Bank-Sprecher Alfred Herrhausen.«[1] Und wenige Tage nach dem Mauerfall hatte er sich zu einem Zeitpunkt, als in der Öffentlichkeit eine heftige Debatte über die politische Fortentwicklung entbrannt war, im selben Organ bereits für eine Wiedervereinigung Deutschlands ausgesprochen und diesen Wunsch mit der Aussicht auf eine günstigere »Investitionspolitik von westdeutschen Unternehmern« verbunden.[2] Allesamt Nachrichten, die dazu geeignet gewesen sein könnten, ein bereits existierendes Feindbild weiter zu verschärfen und emotional hochgradig aufzuladen. Der Mann, der im Jahr zuvor von verschiedenen Wirtschaftsmagazinen zum »Europäischen Manager des Jahres« gewählt worden war, dürfte Vertretern einer vulgärpsychologischen Kapitalismuskritik wie die Verkörperung des Bösen erschienen sein: Der »Herr des Geldes« als Nachfolger jenes anderen mächtigen Mannes, den einst der *Stern* als »Boss der Bosse« etikettiert und dämonisiert hatte. Eine Imago folgte möglicherweise der nächsten. Alfred Herrhausen könnte auf diese Weise in einem zynischen Sinne Hanns-Martin Schleyer abgelöst haben.

In der Kette terroristischer Verbrechen stellt das Attentat auf den Vorstandssprecher der Deutschen Bank einen der mysteriösesten Fälle dar. Es ist inzwischen viel darüber spekuliert worden, warum gerade er ins terroristische Fadenkreuz geriet. Und mehr noch, ob sich hinter dem Label RAF nicht noch ganz andere Kräfte verborgen haben könnten. Auch der zeitliche Kontext des Attentats, das drei Wochen nach dem Fall der Berliner Mauer und den ersten Auflösungserscheinungen der DDR verübt worden war, hat diese Fragezeichen zusätzlich unterstrichen.

Wer die Urheber des Anschlags waren, ist jedoch immer noch ungeklärt. Unmittelbar nach dem Attentat war an der Stelle, an der der Schalter für die Lichtschranke zur Aktivierung des Sprengmechanismus angebracht war, ein in einer Plastikhülle eingeschweißtes Papier mit dem RAF-Logo gefunden worden. Es war unterzeichnet mit »kommando wolfgang beer«, benannt nach jenem RAF-Mitglied, das im Sommer 1980 zusammen mit Juliane Plambeck in Baden-Württemberg bei einem Verkehrsunfall ums Leben gekommen war. Und fünf Tage danach war bei der Bonner Niederlassung der französischen Presseagentur AFP ein Bekennerschreiben eingegangen. Darin hieß es, dass sich durch die Geschichte der Deutschen Bank »die blutspur zweier weltkriege« ziehe und dass Herrhausen »der mächtigste wirtschaftsführer in europa gewesen« sei. Das entsprach durchaus der Logik, mit der zuvor auch Schleyer als Entführungsopfer ausgewählt und anschließend ermordet worden war – die Verbindung zwischen deutscher Vergangenheit und politischer Gegenwart, im Sinne einer angeblichen, die Differenzen der jeweiligen Regime überschreitenden Kontinuität von Funktionseliten. Die Tatsache, dass Herrhausen als Napola-Schüler offenbar für eine führende Rolle im Nationalsozialismus vorgesehen war, könnte dabei durchaus eine Rolle gespielt haben.

Nach über zwei Jahren schien dann mit einem Mal ein Fahndungserfolg in greifbare Nähe gerückt zu sein. Die Ermittlungsbehörden präsentierten mit Siegfried Nonne plötzlich einen V-Mann des hessischen Landesamtes für Verfassungsschutz, der mit einer Reihe von detaillierten Aussagen aufwarten konnte. Er schilderte, dass er in der Zeit vor dem Attentat zusammen mit vier RAF-Mitgliedern eine Zeit lang eine Wohnung in Bad Homburg bewohnt hätte. In Nonnes Wohnung waren gar Spuren eines Sprengstoffes gefunden worden, allerdings einem anderen als jenem, der beim Herrhausen-Anschlag verwendet worden war. Gegen Christoph Seidler und Andrea Klump, zwei der von Nonne namentlich Genannten, erließ die Generalbundesanwaltschaft anschließend Haftbefehle. Von den beiden anderen waren von Nonne lediglich die Vornamen genannt worden.

Doch nach einem weiteren halben Jahr wendete sich das Blatt erneut. Nonne machte eine Kehrtwendung und widerrief seine Aussagen. In einem Interview mit dem Politmagazin „Monitor", das am 1. Juli 1992 ausgestrahlt wurde, widerrief er seine Angaben und erklärte, sie seien auf Druck seines Auftraggebers, des hessischen Verfassungsschutzes, zustande gekommen. Als sich kurz darauf auch noch herausstellte, dass Nonne, bevor er seine Aussagen machte, ein halbes Jahr in einer psychiatrischen Klinik verbracht hatte, war der Wert seines Geständnisses mehr als fraglich geworden. Wer wollte den Aussagen eines Mannes noch Glauben schenken, der für den Verfassungsschutz eine terroristische Zelle ausspioniert haben sollte und dem von dem zuständigen Psychiater eine »Persönlichkeitsstörung auf Borderline-Niveau« attestiert worden war? Doch das war keineswegs das Ende in der Achterbahn der Nonne-Aussagen. Ein weiteres Mal widerrief er, diesmal den Widerruf, vor laufender Fernsehkamera. Nun ließ er verlauten, die Journalisten des WDR hätten ihm gedroht und ihn zu seinen Aussagen genötigt. Damit war er als Kronzeuge endgültig wertlos geworden. Ein gegen ihn ursprünglich ebenfalls eingeleitetes Ermittlungsverfahren musste 1994 eingestellt werden. Mit diesem gespenstischen Vorgang war der Fall nebulöser als zuvor.

Auch der Schritt der Bundestagsfraktion der Grünen, sich 1995 mit einer Kleinen Anfrage zum Kronzeugen Siegfried

Nonne an die Bundesregierung zu wenden, vermochte kein Licht in die Affäre zu bringen. Und als sich ein Jahr später mit Seidler einer der beiden von Nonne Belasteten stellte, war dieser auf einmal in der Lage, für die Tatzeit ein Alibi vorzuweisen. Der gegen ihn erlassene Haftbefehl musste aufgehoben werden. Der Bundesgerichtshof setzte sich mit dieser Entscheidung über die Bedenken der Bundesanwaltschaft hinweg. Nicht anders verlief die weitere Entwicklung im Falle der zweiten Verdächtigen. Anderthalb Jahre nach der Auflösung der RAF wurde Andrea Klump nach einer Schießerei mit der Polizei, bei der ihr Gefährte Horst Meyer tödlich getroffen wurde, im September 1999 in Wien verhaftet. Auch bei ihr konnte keine Verbindung zum Herrhausen-Attentat nachgewiesen werden. Zunächst wurde der Haftbefehl aufgehoben und fünf Jahre später schließlich aus Mangel an Beweisen auch das Ermittlungsverfahren eingestellt. Danach hieß es seitens der Bundesanwaltschaft nur noch, es werde weiter gegen unbekannt ermittelt. Nach anderthalb Jahrzehnten schien man dort angelangt zu sein, wo man begonnen hatte. Deprimierender hätte das Ergebnis der Ermittler kaum ausfallen können.

Der Misserfolg entsprach im Kern jenen, die auch die Ermittlungen in den Mordfällen des MTU-Chefs Ernst Zimmermann, des Siemens-Vorstandsmitglieds Karl Heinz Beckurts, des Abteilungsleiters im Auswärtigen Amt Gerold von Braunmühl und des Treuhand-Chefs Detlef Karsten Rohwedder zum Resultat hatten. Keiner dieser der dritten Generation der RAF zugeschriebenen Taten konnte jemals aufgeklärt werden. In Verbindung mit dem Umstand, dass die meisten dieser Anschläge mit hoher Präzision durchgeführt und von den Tätern dabei kaum brauchbare Spuren hinterlassen worden waren, konnte es kaum ausbleiben, dass es zu Spekulationen kommen musste, die in Richtung auf Geheimdienste westlicher wie östlicher Provenienz als mögliche Drahtzieher verwiesen. Drei Journalisten, die bei ihren Recherchen über das Herrhausen-Attentat auf eine Reihe von Ungereimtheiten zu den offiziellen Ermittlungsergebnissen gestoßen waren, hatten derartige Überlegungen bereits 1992 in einer Buchpublikation zu einer Formel verdichtet, die sie als »Das RAF-Phantom« bezeichneten.[3] Die These besagte kurzgefasst, dass Politik und Wirtschaft den Terrorismus benötigen würden. Als Hauptverdächtige für die ungeklärten Mordanschläge zwischen 1985 und 1991 kämen Geheimdienste, nicht zuletzt die CIA, infrage. Obwohl die Autoren dafür keine zwingenden Belege vorlegen konnten, erwies sich ihre Behauptung als so suggestiv, dass sie seitdem von einer nicht geringen Anzahl von Befürwortern bei jeder sich bietenden Gelegenheit reaktiviert wurde.

Emcke versucht nun diese einerseits verfahrene und ausweglos erscheinende, andererseits als Ausgangspunkt populärer Verschwörungstheorien benutzte Situation aufzubrechen. Dabei geht sie über den Horizont ihres eigenen Erlebens weit hinaus und attackiert die Sprachlosigkeit der RAF insgesamt. Ihr Text stellt jedoch nicht nur einen Appell an die Täter dar, ihr Schweigen endlich aufzugeben. Es ist zugleich ein Appell an die Öffentlichkeit, sich von dieser unaufgearbeiteten Vergangenheit nicht einfach abzuwenden, sondern nach Wegen zu suchen, die immer noch vorherrschende Sprachlosigkeit zu überwinden und einen Dialog zu eröffnen. Allein die dubiose Rolle des V-Mannes Nonne im Kontext des Herrhausen-Attentats erweist die Dringlichkeit, nicht nur das Schweigen ehemaliger Terroristen zu durchbrechen, sondern auch das von Akteuren staatlicher Behörden.

In den letzten vierzig Jahren sind immer wieder spektakuläre Fälle von V-Männern des Verfassungsschutzes ruchbar geworden, deren Rolle nie hat aufgeklärt werden können.[4] Zu

nennen sind hier vor allem Peter Urbach, der für das Westberliner Landesamt für Verfassungsschutz arbeitete und am
Ende der sechziger Jahre die militante Berliner Szene mit
Waffen und Sprengstoff versorgt hat, darunter jene Bombe,
mit der der bewaffnete Kampf als eine antisemitische Aktion
begann, indem sie am 9. November 1969 in Charlottenburg
in die Jüdische Gemeinde gelegt wurde[5]; aber auch Ulrich
Schmücker, der als Mitglied der *Bewegung 2. Juni* umgedreht
worden war, für den Westberliner Verfassungsschutz arbeitete und im Juni 1974 trotz nachdrücklicher Warnungen gegenüber seinem V-Mann-Führer Michael Grünhagen unter
höchst dubiosen Umständen im Grunewald ermordet werden konnte, trotz mehrerer Gerichtsverfahren im Laufe von
anderthalb Jahrzehnten konnte der Schmücker-Mord nicht
aufgeklärt werden[6]; oder etwa Klaus Steinmetz, der seit 1984
für den rheinland-pfälzischen Verfassungsschutz arbeitete, in
der Sponti- und Autonomen-Szene aktiv war und dem es gelang, das Vertrauen der beiden RAF-Mitglieder Birgit Hogefeld und Wolfgang Grams zu gewinnen, was im Juni 1993
schließlich zur blutig verlaufenen Verhaftungsaktion auf dem
Bahnhof von Bad Kleinen führte[7], in deren Folge nicht weniger als zehn hochrangige Staatsdiener ihren Hut nehmen
mussten, darunter der damalige Bundesinnenminister Ru-
dolf Seiters, Generalbundesanwalt Alexander von Stahl und
BKA-Vizepräsident Gerhard Köhler. Hinzuzufügen wäre au-
ßerdem eine Affäre wie etwa die um das sogenannte Celler
Loch, bei der im Juli 1978 im Auftrag des niedersächsischen
Verfassungsschutzes die Außenmauer der Justizvollzugsan-
stalt Celle von zwei Kriminellen gesprengt worden war, um
einen Befreiungsversuch des dort einsitzenden RAF-Gefan-
genen Sigurd Debus vorzutäuschen, ein Gewaltakt, der in
Wirklichkeit dazu dienen sollte, einen Informanten in die
Reihen der RAF einzuschleusen.[8] Auch dieser Fehlschlag for-

derte ein politisches Opfer. Später musste der niedersächsische Innenminister Wilfried Hasselmann zurücktreten.

Wie zuletzt die Entscheidung von Bundesinnenminister Wolfgang Schäuble gezeigt hat, auch nach Jahrzehnten immer noch nicht die Akten eines Protokolls freizugeben, in dem das Gespräch eines Verfassungsschützers mit dem früheren RAF-Mitglied Verena Becker festgehalten worden ist, wird in einem Fall wie etwa dem Buback-Attentat von staatlicher Seite weiter gemauert. Auch die von der Bundesanwaltschaft im selben Zusammenhang vier ehemaligen RAF-Mitgliedern gegenüber angedrohte Beugehaft wirkt wenig überzeugend. Der ehemalige Bundesinnenminister Gerhart Baum bezeichnete den Schritt, nun auf einmal dieses Instrument auszupacken, sogar als Peinlichkeit. Das Verhalten von Bundesanwälten, die seit einem Vierteljahrhundert von Verdachtsmomenten gegen einen Verdächtigen gewußt, jedoch die ganze Zeit über nicht gehandelt hätten, müsse zweifelhaft erscheinen. Solange der Staat selbst kein Zeichen in Richtung Aufklärung setzt, sondern sich genau umgekehrt dem Verdacht aussetzt, sie eher zu behindern als zu fördern, solange wird in der Öffentlichkeit den Tatverdächtigen gegenüber entstandene Druck weiter gebremst.

Bei ihrer Suche nach einem möglichen Narrateur innerhalb der RAF stößt Emcke auf Herman Melvilles 1851 erschienenen Roman »Moby Dick«. Der Name steht bekanntlich für einen weißen Wal, der sich als Meerungeheuer und damit für seine Jäger letztlich als unbezwingbar erweist. Nicht ohne Grund diente dieser literarische Stoff der ersten Generation der RAF als Namensgeber. Die Fabel wird darin von einem einfachen Matrosen namens Ismael erzählt. In der Bibel steht dieser Name für einen aus der Gemeinschaft mit Gott Ausgestoßenen und bei Melville für ein völlig atomisiertes Indivi-

179

duum. Der einbeinige Ahab, Kapitän des Walfangschiffes Pequod, macht mit seiner Mannschaft Jagd auf den weißen Wal, weil dieser ihn bei einem gescheiterten Fangversuch zum Krüppel gemacht hat. Gegenspieler des von blindem Hass getriebenen Ahab ist Starbuck, der erste Maat, ein ebenso erfahrener wie nüchtern denkender Seemann. Nachdem Ozeane durchquert, das Kap der Guten Hoffnung umsegelt und verschiedene andere Wale erlegt worden sind, wird schließlich der mythenumwobene weiße Wal östlich von Japan gesichtet. Doch die von Anbeginn an existenziell anmutende Jagd auf Moby Dick wird Ahab schließlich zum Verhängnis. Am Ende des insgesamt drei Tage andauernden Finales erweist sich Moby Dick als der Stärkere. Ahab ertrinkt, der Wal versenkt mit seiner unbändigen Kraft das Schiff und die gesamte Mannschaft verliert dabei, mit Ausnahme von Ismael, dem Mann, der damit als einziger ein Zeugnis von der Katastrophe abgeben kann, ihr Leben.

Die auf der Besatzungsliste des Walfangschiffes stehenden Namen wurden von Gudrun Ensslin ganz zielgerichtet als Decknamen ausgewählt.[9] »Ahab«, der Name des Kapitäns, konnte nur für Baader reserviert sein. Holger Meins war »Starbuck«, der wichtige erste Steuermann, der allein es hätte wagen können, sich gegen das gefährliche Treiben, den vom Kapitän vom Zaun gebrochenen Privatkrieg, zu stellen. Jan-Carl Raspe war der »Zimmermann«, der die Särge für die bei der Jagd nach dem Ungeheuer zu verzeichnenden Opfer zusammenbaute, Horst Mahler war »Bildad«, ein bereits im Ruhestand befindlicher Waljäger. Und Gerhard Müller erhielt den Namen des Harpuniers »Queeqeg«, eines über und über tätowierten Südseeinsulaners, der zwar schreckenerregend aussah, jedoch der Inbegriff des »edlen Wilden« war. »Smutje«, den Namen des Koches, hatte die Namensverteilerin schließlich für sich selbst reserviert. Er sei es, bemerkte sie in einem

Brief, der »die Töpfe spiegelblank« halten und »gegen die Haie« predigen müsse.

Die einzige, die keinen Namen aus der Besatzung der Pequod abbekam und damit aus dem von Ensslin definierten Rollenspiel herausfiel, war bezeichnenderweise Ulrike Meinhof. Sie erhielt den hintersinnigen Decknamen »Therese«, benannt nach einer spanischen Ordensschwester aus dem 16. Jahrhundert, die schon bald nach ihrem Tod heilig gesprochen wurde. Therese von Avila bzw. Jesu (1515–1582) wollte den Karmeliterorden in seiner ursprünglichen Reinheit wiederherstellen und sah sich deshalb Verfolgungen ausgesetzt. Die aus Altkastilien stammende heilige Therese wurde insbesondere von den katholischen Mystikern hoch verehrt. Sie gaben ihr wundersam anmutende Beinamen wie: »Arche der Weisheit«, »himmlische Amazone«, »Balsamgarten«, »Orgel und Kabinettssekretär des Heiligen Geistes«.[10]

Die Binnendramaturgie des »Moby Dick« schien nach dieser Rollenverteilung bereits auf der Hand zu liegen. Und das schreckliche Ende ebenfalls. Die Jagd nach dem monströsen weißen Wal konnte auch für die selbsternannten Krieger gegen den bundesdeutschen Staat nur in eine Katastrophe münden. Ob Gudrun Ensslin allerdings in ihrer Adaption eines der mythendurchwobensten Stoffe aus der Weltliteratur so weit gegangen ist, auch diese finale Implikation mitzudenken, dafür haben sich bislang keine Belege finden lassen.

Es ist klar, warum es in der RAF keinen Ismael geben konnte. Das hätte erstens ein Eingeständnis des Scheiterns der RAF vorausgesetzt und zweitens wäre diese Figur in der Logik der Untergrundtruppe dazu prädestiniert gewesen, der klassische Verräter zu werden. Stattdessen gab es die Figur der »Therese«. Sie war jedoch keine Erzählerin, sondern Propagandistin. Ihre Aufgabe bestand darin, programmatische Schriften und Erklärungen zu verfassen. Und was man von dieser Figur zu halten schien, das war bereits durch den Umstand deutlich geworden, dass es für sie zumindest ideell keinen Platz auf dem Walfangschiff gab, von dem aus das vermeintliche Ungeheuer, der deutsche Staat, bekämpft wurde. Mit anderen Worten, die Rolle eines Narrateurs musste in der RAF vakant bleiben.

Und den wenigen, die es im Nachhinein wagten, in diese Rolle hineinzuschlüpfen, wurde die Glaubwürdigkeit abgesprochen. Sie waren entweder schlichtweg Verräter, Geschöpfe der »counterinsurgency«, willfährige Instrumente des Gegners, oder Opportunisten, Konformisten, Schwächlinge, die in einer Organisation wie der RAF ohnehin nichts zu suchen gehabt hätten. Ehemaligen Mitgliedern, die wie Gerhard Müller, Volker Speitel, Hans-Joachim Dellwo oder Peter-Jürgen Boock an irgendeinem Punkt zu Aussagen bereit waren, ist von Anfang an ein Höchstmaß an Verachtung entgegengeschlagen. In manchen dieser Fälle war das Misstrauen gegenüber dem Wahrheitsgehalt ihrer Einlassungen, wie sich später zeigen sollte, durchaus berechtigt. Nicht ohne Grund lautete etwa Boocks Spitzname auch über die Szene hinaus bald »Märchentante«. Gleichwohl wäre es leichtfertig, all deren Äußerungen im Umkehrschluss einfach für null und nichtig zu erklären. Sinnvoller wäre es für ein ehemaliges RAF-Mitglied zunächst einmal eine grundsätzliche Schwierigkeit in Rechnung zu stellen, sich aus dem Gespinst des bewaffneten Kampfes und der darin involvierten Persönlichkeitsstrukturen zu lösen. Eher unwahrscheinlich dürfte die Annahme sein, dass sich jemand mit einem Schlag aus den Zusammenhängen seiner alten Gruppe hätte befreien können. Von einem mit den unterschiedlichsten Schwierigkeiten verbundenen Prozess der Ablösung auszugehen, dürfte dagegen sehr viel realistischer sein. Und für einen solchen Akt der Umkehr bedarf es der Hilfestellung, auch der von außen. Ein entscheidendes Hemmnis dürfte für Aussteiger bzw. Redewillige darin bestanden haben, dass ihnen Motive unterstellt wurden, die nicht Resultat ihrer eigenen Überzeugungen seien. Auf ihnen lastete und lastet vermutlich noch immer in mehrfacher Hinsicht ein enormer Druck. Aus der Binnenperspektive der früheren Gruppe ebenso wie aus den verschiedensten Teilen der Gesellschaft – den Meinungsführern der unterschiedlichsten Gruppen, den Parteien, dem Staat und den für die Strafverfolgung zuständigen Behörden. Den Entschluss zu fassen, das Schweigen aufzugeben, ist deshalb immer noch so schwierig, weil jenen, die dazu bereit sind, noch immer unterstellt wird, sie würden das aus nicht uneigennützigen Gründen tun. Diesen Druck abzubauen, der den Bruch mit der Sprachlosigkeit verhindert, dürfte auch eine der maßgeblichen Intentionen sein, die Emcke mit ihrem Text verfolgt. Welche Chancen gibt es nun aber, die Täter ohne ein Hilfsinstrument wie eine Wahrheitskommission zum Sprechen zu bewegen? Vermutlich ganz geringe. Denn niemand kann jemanden dazu zwingen, über seine Taten zu sprechen. Weder als Verdächtige gegenüber den Ermittlern noch als Angeklagte während eines Prozesses vor Gericht, weder vor noch nach einer Strafverbüßung, weder gegenüber den Angehörigen noch gegenüber der Öffentlichkeit. Das gehört zu einem Rechtsstaat dazu. Er muss es hinnehmen, dass sich Tatverdächtige ausschweigen. Und wenn sie bei ihrem Schweigen bleiben, dann bleibt lediglich die Gelegenheit, sie auf der Basis von Zeugenaussagen anderer und von Indizien zu verurteilen. Es liegt also allein an den ehemaligen RAF-Mitgliedern selbst, ob sie bereit sind, sich zu ihrer Vergangenheit zu äußern. Ihre Bereitschaft lässt sich nicht erzwingen, sie kann nur in ihnen selbst reifen.

Warum, so ist im vergangenen Jahr häufig zu hören gewesen, machen etwa mit Brigitte Mohnhaupt und Christian

Klar, wenn sie – wie von Justizangehörigen mehrfach unterstrichen worden ist – nicht mehr zum bewaffneten Kampf zurückkehren wollen, zwei der führenden Figuren der zweiten Generation nicht endlich reinen Tisch und schildern, wie es zu ihren Taten gekommen ist, wer daran beteiligt war und wie sie sich im Einzelnen abgespielt haben?

In einem Fall der von ihnen propagierten »Offensive 77«, mit der sie seinerzeit die Angeklagten im Stammheimer Hauptverfahren gegen die RAF hatten freipressen wollen, schien vorübergehend Bewegung in dieses Missverhältnis gekommen zu sein und das Tabu angekratzt, vielleicht sogar geknackt zu werden. In Gang gekommen war sie durch einen Angehörigen, den Sohn des ermordeten Generalbundesanwalts Siegfried Buback. Hartnäckig wie kaum ein anderer hatte der Göttinger Chemieprofessor in den vergangenen Monaten immer wieder darauf insistiert, dass ihn im Grunde nur eine Frage interessieren würde – wer am 7. April 1977 in Karlsruhe die tödlichen Schüsse auf seinen Vater abgegeben habe. Er wolle den Namen des Täters und Details über den Hergang des Mordanschlags wissen. Es klang ganz so, als würde er die Informationen brauchen, um endlich seinen eigenen Frieden finden zu können. Jene Fragen hingegen, die in der Öffentlichkeit am meisten traktiert wurden, ob Brigitte Mohnhaupt vorzeitig auf freien Fuß gesetzt und Christian Klar begnadigt werden dürfe, schienen ihn nur bedingt zu interessieren. Die Angehörigen der Opfer wollen – um zumindest einen Teil der sie noch immer quälenden Unruhe zu verlieren – nach so langer Zeit endlich Klarheit über die Tathergänge und die Wahrheit über den oder die Täter.

So nachvollziehbar das auch sein mag, so unwahrscheinlich dürfte es andererseits sein, dass gerade die unnachgiebigsten Mitglieder einer Organisation wie der RAF, die alles unternommen hat, ihren Schweigekodex nicht knacken zu

lassen, im Nachhinein Aufklärung über ihre eigenen Mord-
taten oder die ihrer ehemaligen Kampfgefährten bieten. Ein
nicht zu unterschätzender Grund wird vermutlich darin bestehen, dass in den meisten dieser Fälle kein individueller Tat-
nachweis möglich war. Würde nun jemand auszupacken beginnen, dann bestünde die Gefahr, dass unter Umständen
neue, bislang unbekannte Namen genannt würden und vielleicht sogar neue Ermittlungsverfahren aufgenommen werden müssten. Dies jedoch ist nur die strafrechtlich relevante
Seite einer Blockade, die noch eine ganz andere Seite hat, eine
Seite, die etwas mit der psychischen Verfassung der RAF-An-
gehörigen zu tun hat und dies keineswegs nur unter den Bedingungen ihrer Inhaftierung.

Die RAF ist in erster Linie ja kein politisches, sondern ein
identitätspolitisches Projekt gewesen – für ihre Mitglieder
ebenso wie einen nicht unerheblichen Teil der damaligen radikalen Linken.[11] Nicht ohne Grund heißt eines der in den
einschlägigen RAF-Texten am häufigsten verwendeten Worte
»Identität«. Oder wie es Andreas Baader in der ihm eigenen
burschikosen Diktion einmal im September 1974 in einem
Brief formuliert hat: „die identität der guerilla, alles andere ist
– so – erstmal sülze.«[12] In dieser Hinsicht war die RAF für
große Teile der Linken links von der SPD stilbildend. In den
siebziger Jahren jagte ein Identitätsdiskurs den nächsten. Die
fortwährende Suche nach einer Identität verriet, wie sehr
man bei der Verfolgung seiner politischen Projekte in Wirklichkeit ins Schwimmen geraten war.

Baaders Diktum dürfte auch für Mohnhaupt und Klar
zentral gewesen sein und vielleicht immer noch Gültigkeit
besitzen. Auch Jahrzehnte nach ihrer Inhaftierung – wo doch
alles, wofür sie damals ihr Leben einzusetzen bereit waren,
längst gegenstandslos geworden ist – scheinen sie immer
noch an elementaren Teilen ihrer einstigen Selbstdefinition

festhalten zu wollen. Für sie dürfte die RAF zu einer regelrechten Identitätskrücke geworden sein. Jedenfalls ist nicht auszuschließen, dass sie auch nach ihrer Haftentlassung die RAF, genauer ein einmal fixiertes Bild von ihr, in einem übertragenen Sinne als Gehhilfe benötigen, ja dass sie ohne deren Zuhilfenahme sich nicht aufrichten und bewegen könnten.

Ohnehin fällt es schwer, sich vorzustellen, was sich im Innersten eines Häftlings abspielen mag, der nach einem Vierteljahrhundert nicht wirklich gelebter, sozial reduzierter Lebenszeit wieder in Freiheit kommt und in die Gesellschaft entlassen wird. Um dem Sturz ins Nichts zu entgehen, dürfte der Reflex, sich an den Resten der einmal eingeübten und im Gefängnis abgekapselten und weiter gehegten Identitätsformen festhalten zu wollen, durchaus naheliegend sein. So könnte die Lebenslüge RAF erneut eine Aufgabe erfüllen – diesmal, um das Überleben *ohne* RAF abzusichern.

Nicht ohne Grund wirken Äußerungen von Christian Klar – wie z.B. die, dass er nicht vorhabe, einen »Kniefall vor dem Staat« zu machen – ganz so, als müsse er alles tun, um nicht in die Rolle eines Geschlagenen zu geraten, der sich nun selbst aufgibt. Klar scheint noch immer zu befürchten, dass er in seiner Identität wie eine Nuss geknackt werden könnte, jedenfalls dann, wenn er etwas von den Zielen aufgeben bzw. »verraten« würde, die er einst mit seinen Taten verfolgt hat. Darin kommt eine existentielle Dimension zum Vorschein, die sich ins Subjekt eingebrannt und auch die vielen langen Jahre in der Zelle überdauert hat.

Ein besonders drastisches Beispiel für die Logik dieser identitätspolitischen Figur dürfte Irmgard Möller verkörpern. Die Frau, die die einzige »Überlebende« der sogenannten Stammheimer Todesnacht vom 17. zum 18. Oktober 1977 war, hat auch nach Jahren nichts dazu beigetragen, um die Zusammenhänge, die zum Tod von Baader, Ensslin und

Raspe geführt haben, zu klären. Im Gegenteil. In einem Interview, das vom Konkret-Verlag anschließend zum Buchtitel promoviert wurde, erklärt sie mit aberwitzigem Pathos: »RAF – das war für uns Befreiung.«[13] Das ist der von interessierter Seite unterstützte Sound, der jede ernsthafte Auseinandersetzung mit der Rolle, die die RAF für Teile der Linken gespielt hat, blockiert und für die Langlebigkeit bestimmter Mythen sorgt. Es hat ganz den Anschein, als müsste Möller in dem Moment zusammenbrechen, in dem sie sich die für sie offenbar bedrohliche und von anderen Ehemaligen wie Karl-Heinz Dellwo längst akzeptierte Wahrheit von der »suicide action« zu eigen macht.

Ein ganz anderer Fall ist dagegen Inge Viett. Das ehemalige Mitglied der *Bewegung 2. Juni*, das an der Lorenz-Entführung beteiligt war, zweimal aus dem Gefängnis ausbrach, Schlüsselfigur für die sogenannte »RAF-Stasi-Connection« war und 1981 in Paris einen Polizisten niedergeschossen hat, der seitdem querschnittgelähmt ist und bis an sein Lebensende im Rollstuhl sitzen muss, fällt ein ums andere Mal durch die Intaktheit ihres alten Weltbildes auf. In einem Offenen Brief an die *Junge Welt*, das ehemalige Zentralorgan der FDJ, lehnte sie die Beteiligung an einer Podiumsdiskussion über den »Deutschen Herbst« mit der Begründung ab, dass sie in einer Anzeige als »RAF-Aussteigerin« bezeichnet worden sei.[14] Sichtlich eingeschnappt verkündete sie trotzig: »Die gibt es nicht.« Sie sei eine »ehemalige Aktivistin des bewaffneten Kampfes«, eine »ehemalige DDR-Bürgerin mit Guerilla-Erfahrung« und »jetzige Aktivistin gegen Ausbeutung und imperialistische Kriege«. Ausdrücklich nahm sie dabei das MfS in Schutz. Es sei eine Unverschämtheit, fügte sie im Brustton ihrer Überzeugungen hinzu, »wenn die Kritik am sozialistischen Geheimdienst und seinen Methoden auf dem ideologischen Boden seiner Gegner« stattfinde. Und bei einer Podiumsdiskussion in Münster lehnte sie ein Bedauern für die Opfer der RAF mit den Worten ab: »Natürlich bedauere ich. Ich bedauere, dass wir damals nicht besser waren, keinen Durchbruch erreicht haben.« Anschließend rief sie die Zuhörer zum Widerstand gegen das »kapitalistische System« auf und ermahnte sie dazu, »immer einen Schritt weiter zu gehen, als erlaubt ist.« Als die DDR nach dem Mauerfall in Auflösung begriffen war, wurde sie im Juni 1990 ebenso wie ein halbes Dutzend anderer Ehemaliger verhaftet. Von den 13 Jahren Haft, zu denen sie 1992 verurteilt wurde, hat sie lediglich fünf Jahre absitzen müssen.

Die genannten Fälle sind unterschiedliche Erscheinungsformen ein- und desselben Projekts. Auch lange, nachdem sich die RAF für aufgelöst erklärt hat, existiert ein subjektiv aufgeladenes Versatzstück, losgelöst von jeglicher Ernst zu nehmenden politischen Dimension, noch immer fort – ihre Identitätskonstruktion. Der bewaffnete Kampf ist längst vorüber, die Identitätshülsen sind jedoch geblieben. Keine guten Aussichten darauf, dass das Eis des Schweigens, von dem Emcke immer wieder spricht, in absehbarer Zeit schmelzen könnte. Wahrscheinlicher dürfte sein, dass diejenigen, um die es in Emckes Appell vor allem geht, ihr Täterwissen irgendwann mit ins Grab nehmen werden.

Anmerkungen

1 »Der Spiegel« vom 13. März 1989, 43. Jg., Nr. 11, S. 20.

2 »Der Spiegel« vom 20. November 1989, 43. Jg., Nr. 47, S. 28 f.

3 Gerhard Wisnewski/Wolfgang Landgraeber/Ekkehard Sieker, »Das RAF-Phantom. Wozu Politik und Wirtschaft Terroristen brauchen«, München 1992; 2. Auflage 1997.

4 Zur rechtlichen Problematik: Klaus Lüderssen (Hg.), »V-Leute. Die Falle im Rechtsstaat«, Frankfurt am Main 1985.

5 Vgl. Wolfgang Kraushaar, »Die Bombe im Jüdischen Gemeindehaus«, Hamburg 2005.

6 Vgl. Stefan Aust, »Kennwort Hundert Blumen. Die Verwicklung des Verfassungsschutzes in den Mordfall Ulrich Schmücker«, Hamburg 1980; Werner Bortfeldt, »Deckname ›Kette‹. Der Verfassungsschutz und der Mord an Ulrich Schmücker«, Hamburg/Zürich 1992; Stefan Aust, »Der Lockvogel. Die tödliche Geschichte eines V-Mannes zwischen Verfassungsschutz und Terrorismus«, Reinbek 2002.

7 Die Bewertung des GSG-9-Einsatzes in Bad Kleinen geht in der Literatur weit auseinander. Vgl. ID-Archiv im IISG (Hg.), »Bad Kleinen und die Erschießung von Wolfgang Grams«, Berlin o.J.; Andres Veiel, »Black Box BRD. Alfred Herrhausen, die Deutsche Bank, die RAF und Wolfgang Grams«, Stuttgart, München 2002; Butz Peters, »Der letzte Mythos der RAF. Das Desaster von Bad Kleinen. Wer erschoss Wolfgang Grams?«, Berlin 2006.

8 Vgl. Christa Ellersiek/Wolfgang Becker, »Das Celler Loch. Die Hintergründe der Aktion Feuerzauber«, Hamburg 1987.

9 Vgl. das Kapitel ›Die Jagd auf den Leviathan‹ in: Stefan Aust, »Der Baader Meinhof Komplex«, erweiterte und aktualisierte Ausgabe, München 1998, S. 286-289.

10 Vgl. Otto von Corvin, »Pfaffenspiegel«, Erstausgabe 1845, 43. revid. Ausgabe, Schwerte/Ruhr 1996, S. 73.

11 Gemeint ist hier kollektive Identität als ein soziales Konstrukt. Vgl.
   Dorothea Hauser, »Deutschland, Italien und Japan. Die ehemaligen
   Achsenmächte und der Terrorismus der 1970er Jahre«, in: Wolfgang
   Kraushaar (Hg.), »Die RAF °17 und der linke Terrorismus«, 2. Bd.,
   Hamburg 2006, S. 1272-1298.
12 Andreas Baader, Brief vom 3. September 1974, in: »das info. Briefe
   der Gefangenen aus der RAF 1973–1977«, hrsg. von Pieter H. Bakker
   Schut, Kiel 1987, S. 158.
13 Oliver Tolmein, »RAF. Das war für uns Befreiung – Ein Gespräch mit
   Irmgard Möller«, Hamburg 1997.
14 Absage von Inge Viett, in: »Junge Welt« vom 17. Januar 2007.

Carolin Emcke
Von den Kriegen
Briefe an Freunde
Band 16248

Carolin Emcke schreibt Briefe von den Rändern, aus den
vergessenen Gegenden der Welt – die Rückseite der offiziellen Reportagen und bewegender Einblick in den Alltag
von Krieg und Gewalt, persönlicher Bericht, Essay und
schonungsloses Zeugnis der Realität.

»Wer Zeuge seiner Zeit und seiner Rolle darin sein will,
wird auf dieses Buch nicht verzichten können.«
Frank Schirrmacher, Frankfurter Allgemeine Zeitung

Fischer Taschenbuch Verlag

fi 16248 / 1